Money&You
頼藤太希・高山一恵

やってみたら
こんなに
おトク!

税制優遇の
おいしいいただき方

Tax inc
if you know

株式会社きんざい

目次

第1章　ふるさと納税のいただき方

第2章　iDeCoのいただき方

イラスト　平松昭子

よしよし
金運

第1章

ふるさと納税のいただき方

伊勢エビと究極の熟成イモが２０００円？

年末が近づくと、決まってランチタイムで話題になるのが〝アレ〟についての話。

「ねえねえ、もうじきラ・フランスが5キロ届くの。楽しみだわ」

「いいなあ、でも私は極上近江牛の焼き肉セットをゲットしちゃった！」

「ふーん。私は気合で出雲の地酒を申し込んだわ。これって、良縁を引き寄せるんですって。来年こそ絶対いいオトコをゲットするわよ！」

これって何のことか、もうわかりましたよね。そう、「ふるさと納税」です。「納税」というと税金を納めるイメージがありますが、「ふるさと納税」では、自治体へ「寄付」することをいいます。ふるさと納税を使って、選んだ自治体に寄付（ふるさと納税）すると、多くの自治体では、感謝の気持ちとして、寄付した額に応じたお礼の品を用意しています。

ふるさと納税の魅力はこれだけではありません。なんと、寄付した金額のうち２０００円を超える金額については、その人の上限額まで、住民税などから控除して（差し引いて）もらえるのです。つまり、実質２０００円の負担で、お礼の品がもらえちゃうのです。

しかも、２０１５年からは、控除額の上限（控除額上限）が2倍になったことから、一躍、ふるさと納税が注目されたというワケ。２０００円で、その地域ならではの魅力的な返礼品がもらえるのですから、これはもう使わなきゃソンですよね。

上／山形県上山市「ラ・フランス5kg」（寄付金8,000円以上）
下左／滋賀県近江八幡市「極上近江牛焼き肉セット モモ・バラ（800g）」（寄付金3万円以上）
下右／福岡県飯塚市「あまおう（秀品2パック）」（寄付金8,000円以上）

島根県出雲市
「出雲の酒蔵セット（旭日・天穏・富士）の純米吟醸　3本セット」
（寄付金2万円以上）

私は、ふるさと納税で美しくなる!

「ふるさと納税」の大きな楽しみの一つは、なんといっても返礼品です。特選和牛、銘柄豚、地鶏、港直送の鮮魚、銘柄米、地酒、完熟フルーツ、高原の採れたて野菜、厳選素材でつくったスイーツなどなど。特にスイーツの充実ぶりといったら、思わず「いいね!」を連発したくなっちゃいます。私のおススメは、宮崎県都城市の「高千穂牧場スイーツセット」。自然豊かな高千穂牧場で育まれた良質な素材をぜいたくに使ったチーズデザートにプリンにバターケーキ……。「ああ、しあわせ~」。先日、とある女子会にサプライズで持参したら、もう「神扱い」されちゃいました。

返礼品は、グルメだけではありません。輪島塗や江戸切り子などの伝統工芸品から、名湯で知られる温泉地の宿泊券、エステのチケットや美顔器、スキンケア、ハンドクリーム、アロマグッズといった「きれい度アップ」アイテムまでいろいろあります。なかでも、私が大注目したのは、北海道様似

宮崎県都城市
「高千穂牧場スイーツセット」(寄付金1万5,000円以上)

町の返礼品「プラセンタ美容液入りフェイスマスクネックプラス」です。

美容マニアの友人の話によると、プラセンタとは、ほ乳動物の胎盤のことで、胎盤から抽出されたエキスには「血行促進作用」があり、肌細胞の再生・回復、新陳代謝を向上させる働きがあるんですって。アンチエイジングの手段として、何でもクレオパトラやマリー・アントワネットや楊貴妃も愛用していたとか。それならばと使ってみたら、翌朝、肌の弾力やハリがいい感じ。私も伝説の美女たちの仲間入りができそうな気分でした。

もう一つ、私が、思わずツイートしてしまった返礼品があります。それは、花火大会の桟敷席チケットです。これなら、煮え切らない彼の背中を大玉の花火が「ドーン」と後押ししてくれること間違いなし！　もし、ふるさと納税でゴールインを決めたら、ぜひ、ＳＮＳに書き込んでください。私もシェアさせていただきます。

上／北海道様似町
「プラセンタ美容液入りフェイスマスクネックプラス（5枚）」
（寄付金1万5,000円以上）
中／三重県紀北町「伊勢えび（活冷）」（寄付金1万円以上）
下／広島県竹原市「瀬戸内 獲れたて天然真鯛（鮮魚1～1.2kg）」
（寄付金1万円以上）

ワーキングウーマンが優遇してもらえる制度!?

これまでお話ししたように、ふるさと納税は、原則、2000円の負担で魅力的な特産品がもらえる〝おいしい〟税制優遇措置です。「だったら、たくさん寄付したほうがおトクよね」と思われるかもしれませんが、ちょっと待ってください。実は、かしこく使わないと自己負担が増えてしまうかもしれないのです。

どういうことかご説明します。この制度を使って自治体に寄付し、手続きすると、2000円を超えた金額については、所得税と住民税から控除（税金から差し引き）してもらえます。ただし、2000円を超えた金額について、無制限に「控除」してもらえるのかというと、そうではありません。その人の、「控除額上限」を超えて寄付すると、超えた分は、ほとんど自己負担になってしまうのです［図表1参照］。「控除額上限」とは、自己負担額の2000円を除いた全額が控除される「ふるさと納税」額をいいます。

この「控除額上限」は、その人の「年収」や「家族構成」などによって異なります。詳しくは、総務省の「ふるさと納税ポータルサイト」にアクセスして、そのなかで用意されている「寄附金控除額の計算シミュレーション」のエクセルシートを利用して、あなたの「控除額上限」の目安を算出してみてください［図表2参照］。

シミュレーションを利用する際に入力する「給与収入額」は、前年の給与収入額ではなく、

長崎県大村市
「野菜·果物の詰合せ」
（寄付金1万円以上）

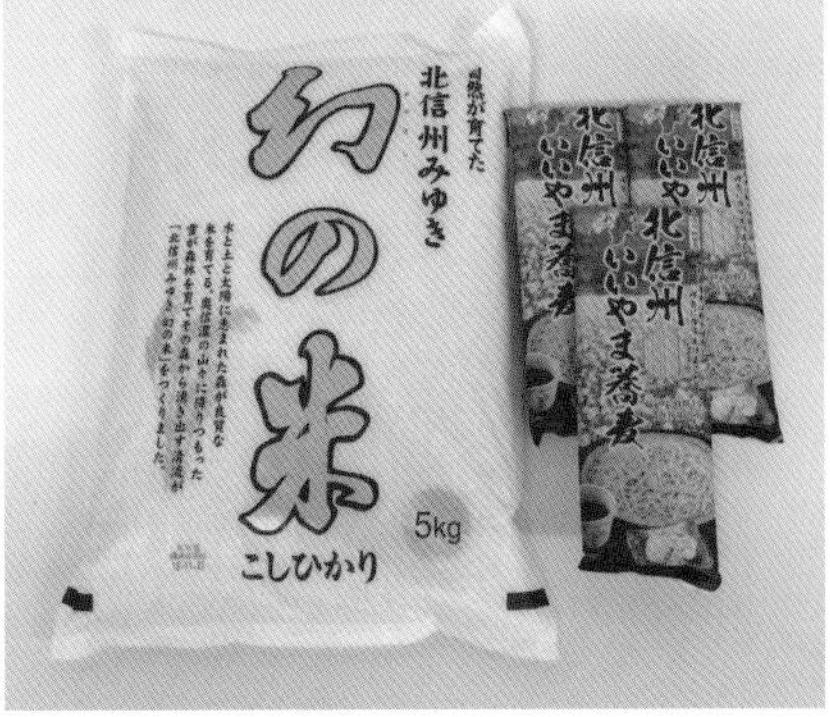

長野県飯山市
「コシヒカリ最上級米 幻の米 5kg
+北信州いいやま蕎麦」セット
（寄付金1万円以上）

寄付する年の1月から12月までの給与収入（税込み年収）です。また、シミュレーションで得られる「控除額上限」の金額は、住宅ローン控除や医療費控除等、他の控除を受けていない給与所得者の目安であることに注意してください。

こうして「控除額上限」の目安を算出してみるとよくわかりますが、実は、このふるさと納税という制度は、シングル女子やDINKSのOLにメリットが大きい制度なのです。

シングルやDINKSは、通常、ファミリーに比べると所得控除が少なく、これまで税制上の恩恵があまりありませんでした。しかし、ふるさと納税に関しては立場が逆転。所得控除が少ない分、シングルやDINKSのほうが、ファミリーよりも「控除額上限」が高くなるのです。ぜひ、私たちが優遇してもらえるこの制度を活用しちゃいましょう。

図表1　自己負担額と控除額上限の額（イメージ）

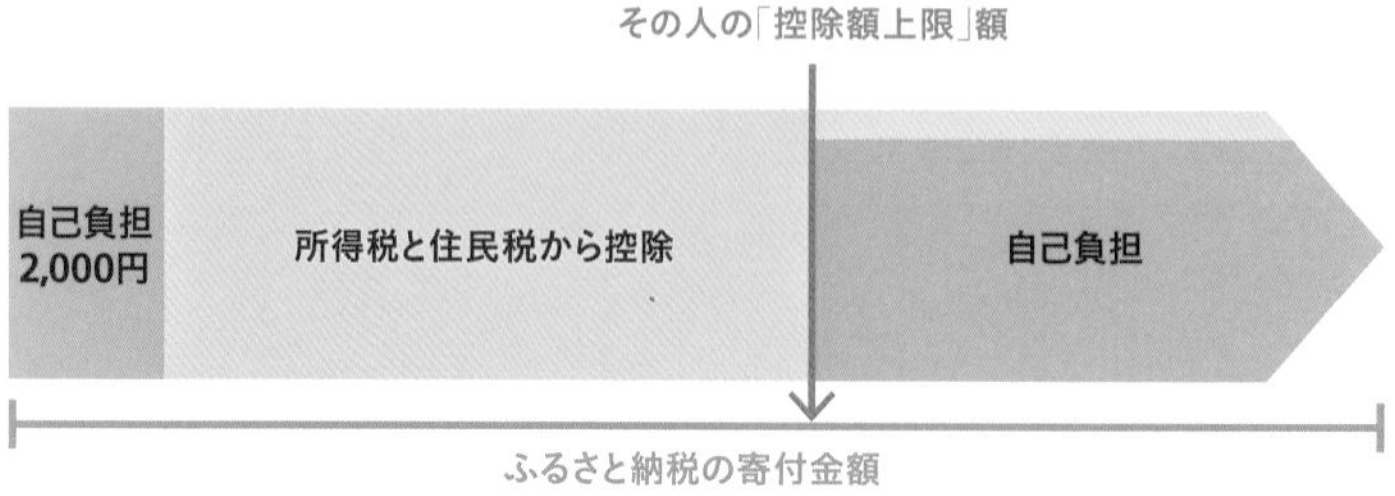

図表2　控除額（目安）のシミュレーション

★黄色のセルに数値を入力して下さい。（ゼロの場合は入力不要）

●寄附者の年収

給与収入額	4,000,000	円

税込み年収を入力

※実際の計算は、寄附をした年の１月～12月の収入を基に行うため、
寄附時点では正確な数値は判明していません。

●家族構成

配偶者			
	専業主婦		人
	共働き（年収201万円以上）		人
扶養親族			
	中学生以下（16歳未満）		人
	高校生（16～18歳）		人
	大学生（19～22歳）		人
	23歳以上		人

家族構成を入力

●寄附しようとする額

寄附額	42,000	円

寄付する金額を入力

控除額（所得税＋住民税）	40,000円

（自己負担額）	2,000円

→ 2,000円になるように調整

※必ず2,000円は自己負担となります。

（控除額はあくまで目安です。正確な計算は寄附翌年にお住まいの市区町村にお尋ね下さい。）

どうせなら目いっぱい寄付してハッピー！

ここからは、活用方法を具体的にお話しします。例えば、シングル女子のK子さんの給与収入（今年の見込み収入）が400万円だったとします。総務省の「ふるさと納税ポータルサイト」の「寄付金控除額の計算シミュレーション」を利用して「控除額上限」の目安を算出してみると、自己負担が2000円で済む寄付金額の上限は4万2000円となります［13ページの図表2参照］。

K子さんの場合、寄付した4万2000円のうち、自己負担額は2000円、4万円は所得税と住民税から控除されます。つまり、寄付した年の所得税と翌年度の住民税から4万円差し引かれるというわけです。

もし、K子さんが5万円寄付したとしたら、自己負担額は8650円、所得税と住民税から控除してもらえる額は4万1350円になります。このように、「控除額上限」を超えると、寄付金額を増やせば増やすほど、自己負担額は増えていってしまいます。ですから、一番おトクに制度を使おうと思ったら、自分の「控除額上限」で寄付することです。

ただし、「寄付金控除額の計算シミュレーション」で得られる「控除額上限」は、あくまでも目安です。住宅ローン控除や医療費控除等、他の控除を受けているなど、不安な人はお住まいの自治体の住民税を担当する部署にお問い合わせください。

寄付先と返礼品はこうやって選ぶ

寄付する金額が決まったら、次はいよいよ寄付先と返礼品選びです。

生まれ育ったふるさとや転勤でお世話になった地域から選ぶ人もいれば、寄付金の使い方に賛同して選ぶ人や、魅力的な返礼品で選ぶ人もいます。まさに選び方は人それぞれです。

しかし、選ぶといっても、全国の自治体の情報を自力で集めるのは容易ではありません。すべての自治体のホームページをみるなんてムリです。特に、最近、各自治体は、お礼の品に工夫を凝らすようになっていて、例えば5000円寄付すると、地元野菜の詰合せセットがもらえたり、10万円寄付すると、毎月、旬の野菜セットを1年間届けてくれたりするところもあり、情報収集が決め手となります。

そこで、おススメしたいのは、専門のウェブサイトです。たくさんの自治体の情報がまとめて紹介されているので、サクサク検索して、どんどん検討できちゃいます。いくつか例をあげると、「ふるさとチョイス」「さとふる」「ふるぽ」などがあります。なかでも、自治体掲載数ナンバーワンの「ふるさとチョイス」は、「お礼の品」「自治体」「使い道」「ランキング」「災害支援」など、さまざまな条件で絞り込み検索ができるのでとってもラクチンです［図表3参照］。試しに「お礼の品」の「菓子」で絞り込み検索してみると、おいしそうな菓子がズラズラ出てきます。スクロールするだけで、あなた好みの返礼品と巡り合えます。

私の知り合いのSさんは、「なんだか面倒くさそう」という理由で、ふるさと納税をしませんでしたが、私が「ふるさとチョイスを使ってみたら？」とアドバイスしたところ、「すごく簡単にできた！」と、感謝されちゃいました。

ところで、ふるさと納税は、1万円寄付したら1万円相当の返礼品がもらえると思っている人がいますが、それは間違いです。それだったら、自治体に寄付金が残らなくなってしまいますよね。自治体は、あくまでも寄付に対する感謝の気持ちとして返礼品を用意しているのです。でも、返礼品でも満足したいのが乙女心ってもんです。私は、「ふるさとチョイス」の「ランキング」で検索して、「すべてのカテゴリーのランキング」〔図表4参照〕のなかから気に入ったものを選んでいます。みんなが選んでいるということは、何かしら魅力があるってこと！

ちなみに、マイブームは、長野県飯山市の「コシヒカリ最上級米 幻の米 5kg+北信州いいやま蕎麦」セット〔11ページ参照〕です。1万円の寄付で、新米とお蕎麦がもらえるんです。幻の米は、お米マニアの間では知る人ぞ知る名品で、品切れ必至の超人気米なんだとか。朝食は、納豆とご飯というご飯党の女子にとっては、マストの一品ではないでしょうか。豪華返礼品を無理に選ばなくても、普段から活用できる日用品や食料品を選べば、家計の節約にも繋がります♪

ふるさと納税をお得に活用しちゃいましょう！

図表3　ふるさとチョイス画面（2021年5月24日　時点）

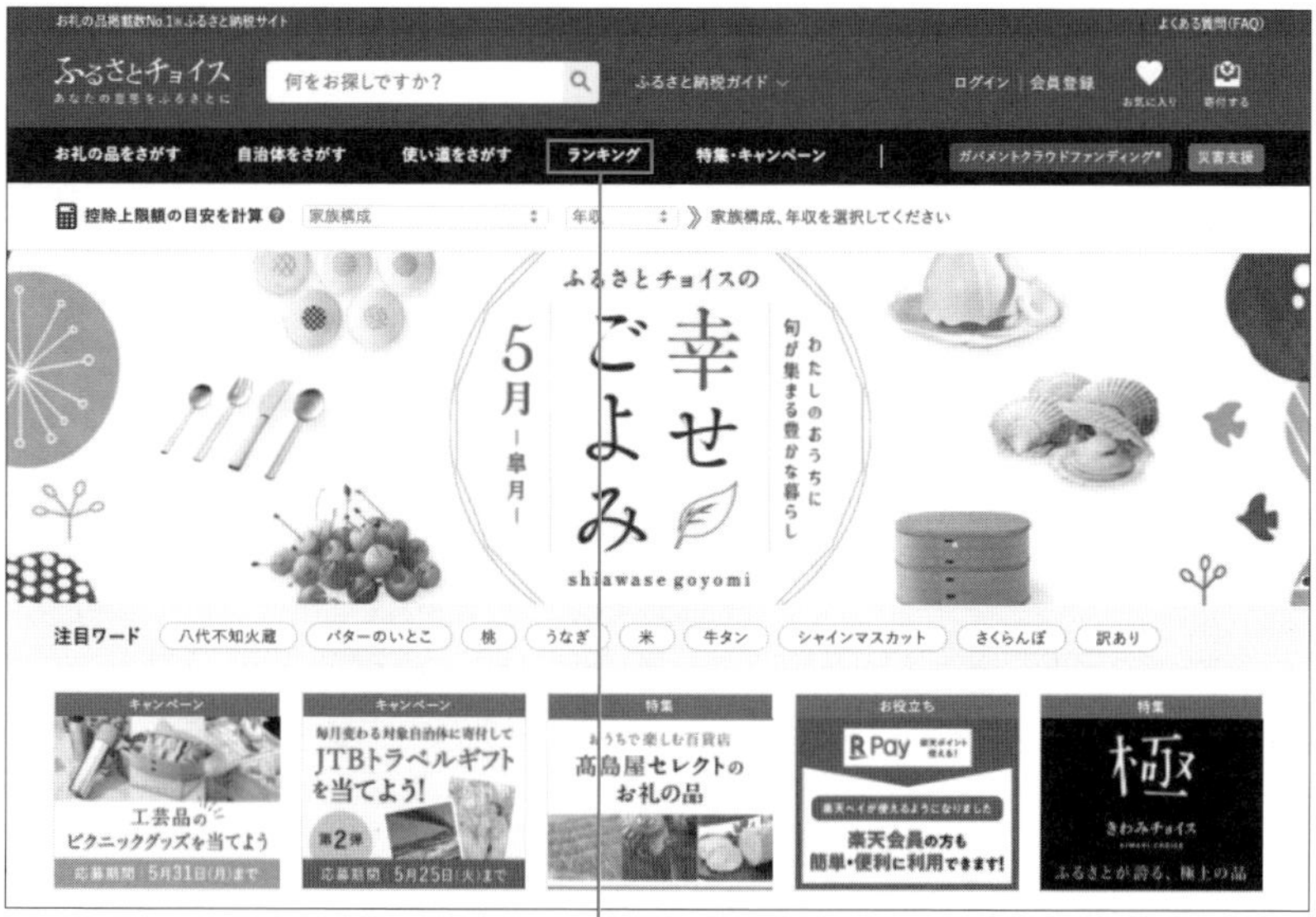

ここをクリック

図表4　すべてのカテゴリーのランキング（2021年5月24日　時点）

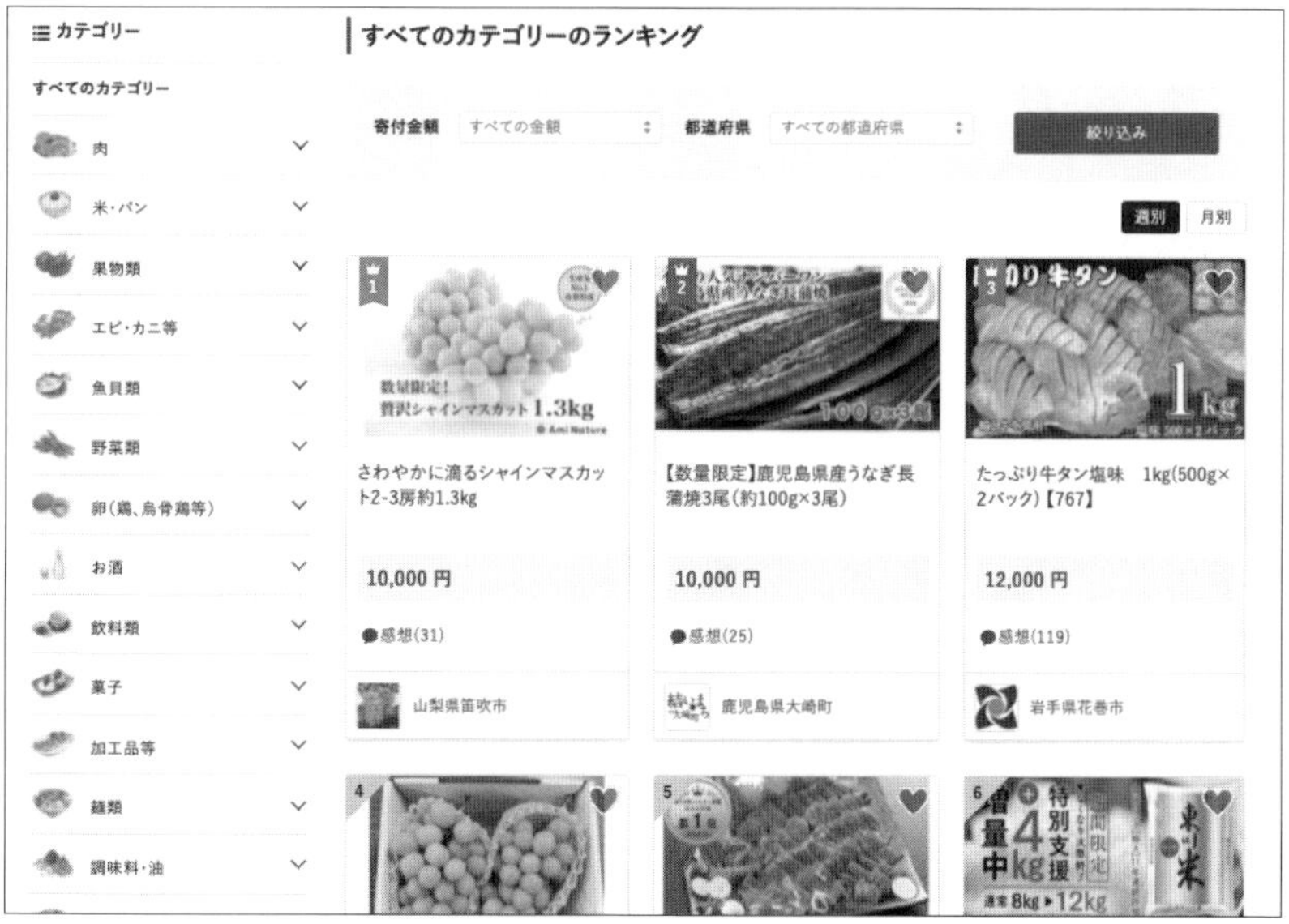

面倒なことは任せちゃいましょう

ふるさと納税の手続きは、❶寄付の申込み、❷寄付金の支払い、❸「寄付金受領証明書」とお礼の品受理、❹寄付金控除の手続き、という流れになります［図表5参照］。それぞれ一番ラクチンな方法をお教えします。

❶寄付の申込みは、「ふるさとチョイス」などのウェブサイトを使うと、自治体に寄付申込書を持参したり、郵送したりしなくて済むので、とっても便利です。

❷寄付金の支払い方法は、自治体によって、クレジットカード払い、金融機関からの振込み（手数料なし）、コンビニ決済、現金書留、窓口への持参、などから選べますが、おススメは、なんといってもクレジットカード払いです。即時決済ができるので申込手続きが簡単になるだけでなく、カード会社のポイントがもらえて、後ほどご説明する返礼品のポイント即時付与も利用できます。

❸と❹は確定申告に関係します。ふるさと納税は、寄付を

図表5　ふるさと納税の手続きの流れ

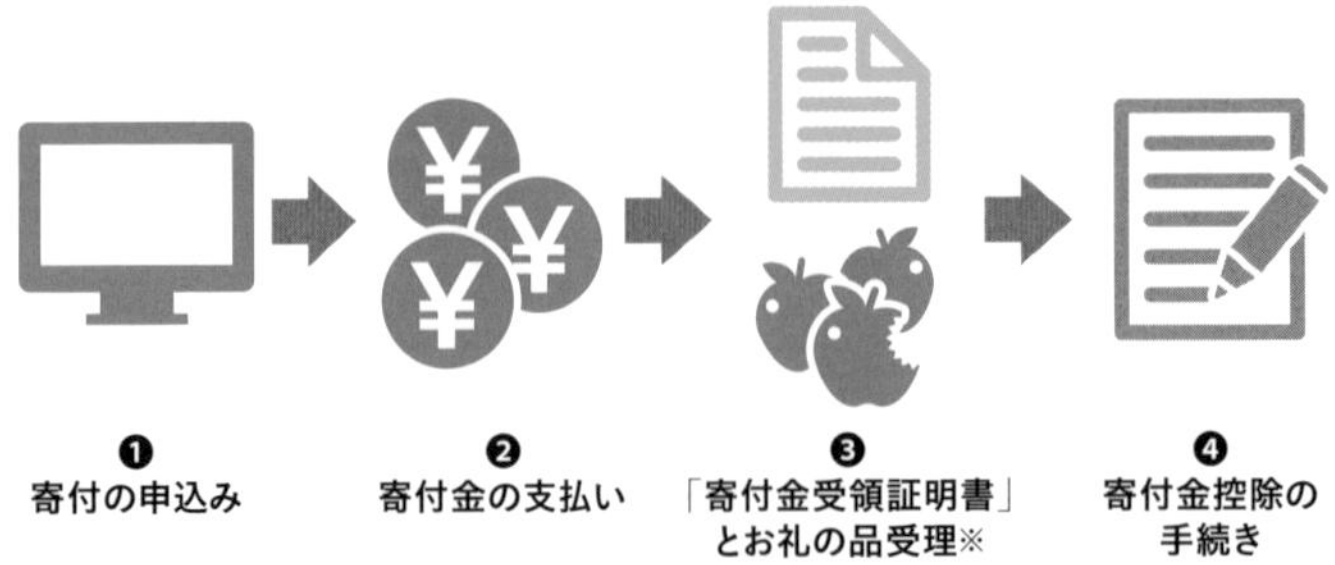

※2021年分よりふるさと納税サイトから「寄付金控除に関する証明書」が届く。

すれば自動的に税金を控除してもらえるわけではありません。ふるさと納税を行った翌年に、確定申告を行う必要があります。でも大丈夫！ 2021年分よりふるさと納税サイトから1年間の寄付の内容をまとめた「寄付金控除に関する証明書」が届きます。これを使えば、手間なく確定申告できます。

また、「ワンストップ特例制度」というありがたい制度も。これを使えば、寄付した私たちに代わって、寄付先の自治体が控除申請を行ってくれます。ワンストップ特例制度を使った場合の控除手続きは［図表6（2）］、書類の書き方は［図表7］をそれぞれ参照してください。

なお、2016年から、マイナンバー法が施行され、ワンストップ特例制度を申請する際、「必要書類」の提出が義務づけられました。必要書類については［図表8］を参照してください。

ちなみに、ワンストップ特例制度を使える人は、❶確定申告する必要のない給与所得者、❷1年間にふるさと納税した自治体が五つ以内、❸申込みのたびに自治体へ申請書を郵送している、という三つの条件を満たす人です。

自営業の人や、給与の収入金額が2000万円超の人、給与所得以外の所得金額の合計が20万円超の人、2カ所以上から給与をもらっている人、そして医療費控除などがあって確定申告する必要がある人は使えません。

なお、ワンストップ特例制度を使った場合は、所得税からの控除はなく、全額、ふるさと納税を行った翌年度の住民税から控除（差し引き）されます。

図表6(1) 確定申告を行う場合の控除手続き

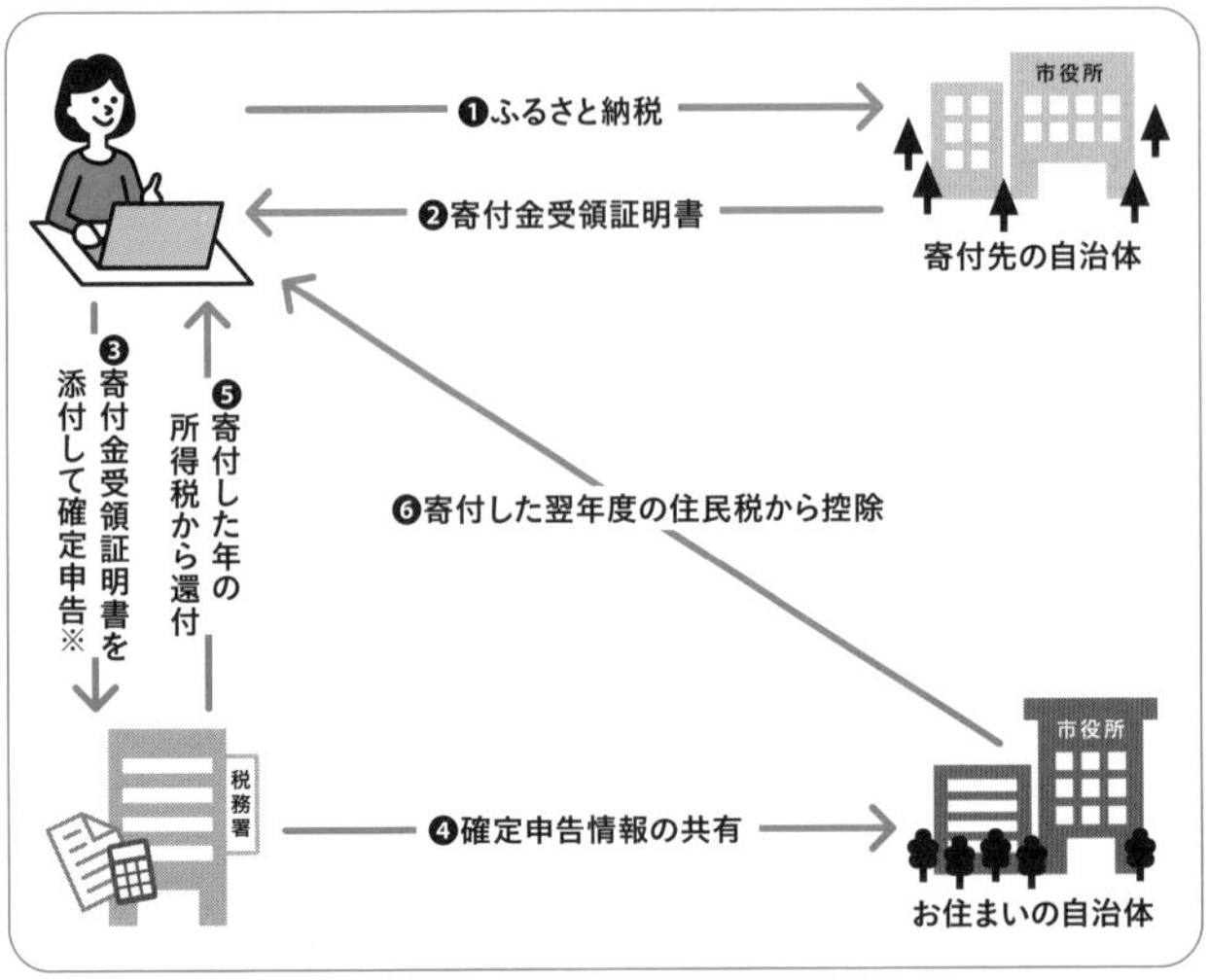

※2021年分より、ふるさと納税サイトから届く「寄付金控除に関する証明書」を添付すればOK。

図表6(2) ワンストップ特例申請の場合の控除手続き

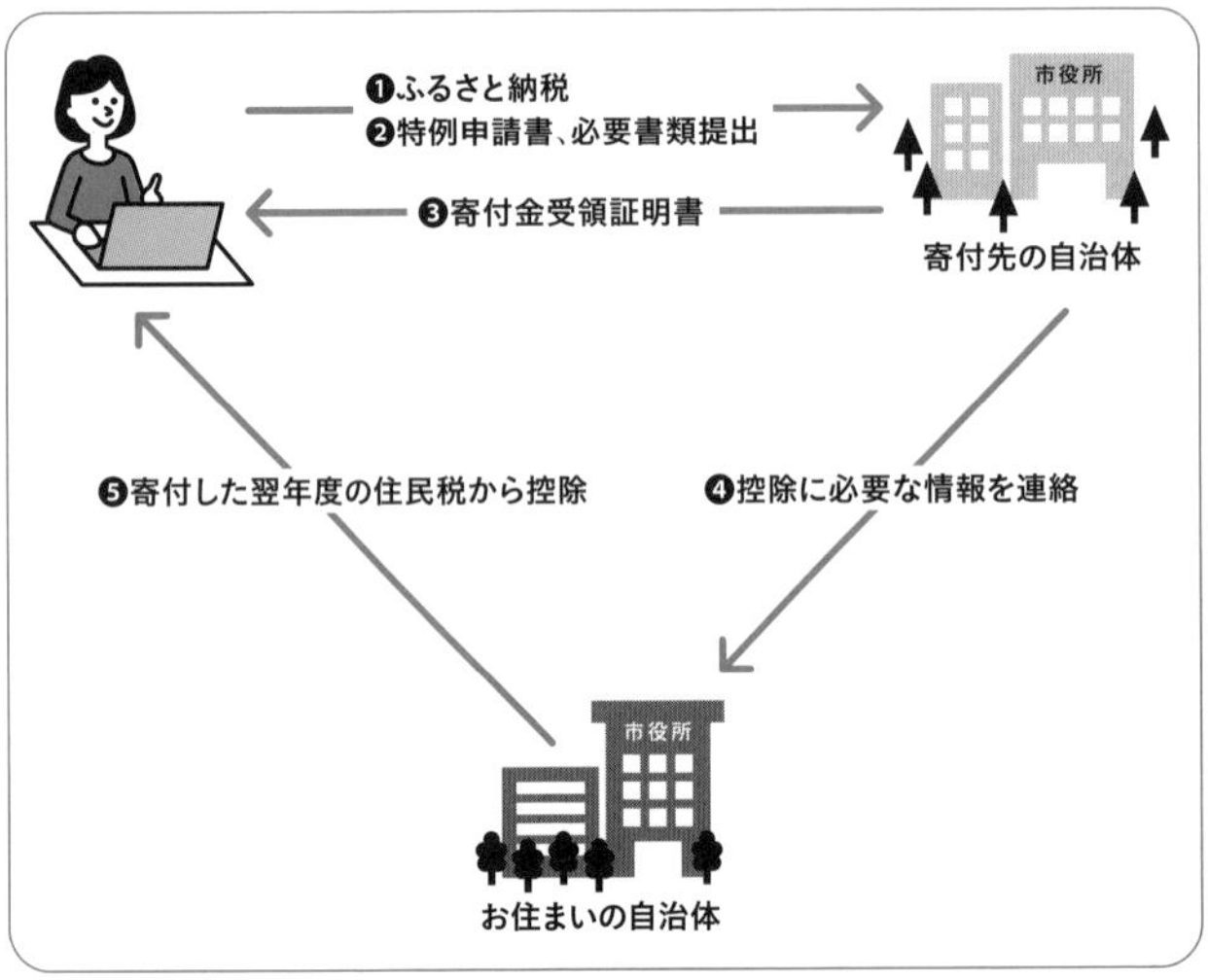

図表8 ワンストップ特例制度利用時に提出する必要書類

パターン1

「マイナンバーカード」がある人

必要書類1(マイナンバー確認書類)

「マイナンバーカード」の裏面コピー

必要書類2(本人確認書類)

「マイナンバーカード」の表面コピー

パターン2

「通知カード」がある人

必要書類1(マイナンバー確認書類)

「通知カード」の表面コピー

必要書類2(本人確認書類)

次の写真付き身分証明書のうち、いずれか1種類のコピー(注)

運転免許証/運転経歴証明書/旅券(パスポート)/身体障害者手帳/精神障害者保健福祉手帳/療育手帳/在留カード/特別永住者証明書

パターン3

「マイナンバーカード」も「通知カード」もない人

必要書類1(マイナンバー確認書類)

マイナンバーが記載された「住民票の写し」か「住民票記載事項証明書」

必要書類2(本人確認書類)

次の写真付き身分証明書のうち、いずれか1種類のコピー(注)

運転免許証/運転経歴証明書/旅券(パスポート)/身体障害者手帳/精神障害者保健福祉手帳/療育手帳/在留カード/特別永住者証明書

(注) 写真付き身分証明書がない場合は、公的医療保険の被保険者証、年金手帳、児童扶養手当証書などのうち、いずれか2種類のコピーが必要。詳しくは各自治体へお問合せください。

図表7　申告特例申請書原本

令和　　年寄附分　市町村民税 道府県民税　寄附金税額控除に係る申告特例申請書

第五十五号の五様式（附則第二条の四関係）

❶提出日

❷住民票に記載されている住所

❸電話番号

❹漢字氏名・フリガナ（かたかな）・押印

❺マイナンバー（個人番号）

❻性別と生年月日

令和　年　月　日　殿		整理番号	
住　所		フリガナ	
		氏　名	印
		個人番号	
		性　別	男　　女
電話番号		生年月日	明・大・昭 平・令　　.　　.

「個人番号」欄には、あなたの個人番号（行政手続における特定の個人を識別するための番号の利用等に関する法律第２条第５項に規定する個人番号をいう。）を記載してください。

あなたが支出した地方税法第37条の２（第314条の７）第２項に規定する特例控除対象寄附金（以下「特例控除対象寄附金」という。）について、同法附則第７条第１項（第８項）の規定による寄附金税額控除に係る申告の特例（以下「申告の特例」という。）の適用を受けようとするときは、下の欄に必要な事項を記載してください。

（注１）　上記に記載した内容に変更があった場合、申告特例対象年の翌年の１月10日までに、申告特例申請事項変更届出書を提出してください。

（注２）　申告の特例の適用を受けるために申請を行った者が、地方税法附則第７条第６項（第13項）各号のいずれかに該当する場合には、申告特例対象年に支出した全ての寄附金（同項第４号に該当する場合にあっては、同号に係るものに限る。）について申告の特例の適用は受けられなくなります。その場合に寄附金税額控除の適用を受けるためには、当該寄附金税額控除に関する事項を記載した確定申告書又は市町村民税・道府県民税の申告書を提出してください。

１．当団体に対する寄附に関する事項

❼寄付した日付と金額

寄附年月日	寄附金額
令和　　年　　月　　日	円

２．申告の特例の適用に関する事項

申告の特例の適用を受けるための申請は、①及び②に該当する場合のみすることができます。①及び②に該当する場合、それぞれ下の欄の□にチェックをしてください。

❽確定申告不要者であることの確認

①　地方税法附則第７条第１項（第８項）に規定する申告特例対象寄附者である	□

（注）　地方税法附則第７条第１項（第８項）に規定する申告特例対象寄附者とは、⑴及び⑵に該当すると見込まれる者をいいます。

⑴　特例控除対象寄附金を支出する年の年分の所得税について所得税法第120条第１項の規定による申告書を提出する義務がない者又は同法第121条（第１項ただし書を除く。）の規定の適用を受ける者

⑵　特例控除対象寄附金を支出する年の翌年の４月１日の属する年度分の市町村民税・道府県民税について、当該寄附金に係る寄附金税額控除の控除を受ける目的以外に、市町村民税・道府県民税の申告書の提出（当該申告書の提出がされたものとみなされる確定申告書の提出を含む。）を要しない者

❾1年間にふるさと納税した自治体が五つ以内であることの確認

②　地方税法附則第７条第２項（第９項）に規定する要件に該当する者である	□

（注）　地方税法附則第７条第２項（第９項）に規定する要件に該当する者とは、この申請を含め申告特例対象年の１月１日から12月31日の間に申告の特例の適用を受けるための申請を行う都道府県の知事又は市町村若しくは特別区の長の数が５以下であると見込まれる者をいいます。

（切り取らないでください。）

令和　　年寄附分　市町村民税 道府県民税　寄附金税額控除に係る申告特例申請書受付書

住　所		受付日付印
氏　名	殿	

受付団体名	

お目当ての返礼品を確実にもらう方法

「これだ！」という返礼品を見つけても、人気の品は、すぐに「品切れ中」になってしまうことがよくあります。知人のKさんは、ほしいものが品切れしていたので、仕方なく電熱グローブなるものをもらったようですが、ほとんど使っていないみたいです。

また、もらいすぎて困ることもあります。知人のIさんは、寄付先を三つに分けましたが、同時に送られてきてしまい、カニ、肉、野菜で冷蔵庫があふれかえり、泣く泣くご近所に配っていました。

「いつでも好きな返礼品に交換できればいいのになあ」と思いますよね。実は、それができる仕組みがあるんです。それが「ポイント制度」です。寄付すると、寄付額に応じたポイントが付与され、有効期限内であれば、好きな時に、好きな返礼品に交換できるというスグレモノです。ポイントの範囲内であれば、何回かに分けて返礼品をもらうことも、ポイントをためて、お目当ての特産品と交換することだってできます。

また、ポイント制度を導入している自治体は、原則、「返礼品カタログ」を用意していますが、このカタログには、地元の観光情報も掲載されていますので、旅行に行く際は、ちょっとしたガイドブックとしても使えます。知人のAさんは、特産品を味わった後で、その地を訪ねているみたいです。まさに〝ふるさと〟を味わい尽くしているって感じですね。

ポイント制度は、各自治体が独自に行っているものと、「ふるさとチョイス」や「ふるぽ」（ポイントと交換できる自治体を紹介する専門サイト）が行っているものがあります。ポイントは、寄付した自治体ごとに付与され、その自治体でのみ使用できます。

ポイントの有効期限は、2年がほとんどですが、なかには無期限のところもあります。

ポイント制度の内容は、自治体によってさまざまなので、寄付する際にはチェックしてみてください。

年末の駆け込み寄付もサクッとできます！

寄付しようと思っていたら、いつのまにか年末になってしまい、結局、寄付できなかったという人や、あわてて寄付したら翌年度の受付けになってしまったという人が多くいるようです。

なぜ、こういうことが起こるのかというと、寄付の申込みから、寄付金の払込み、自治体の入金確認、寄付金受領証明書の発行までに時間がかかるためです。

例えば、銀行振込みの場合、多くの自治体では専用の「納付書」を用意していますが、それが郵送されてくるまでに約1週間かかります。次に、「納付書」を使って取扱金融機関から振り込むのですが、これで終わりというわけではなく、自治体が入金を確認して、ようやく寄付金受領証明書を発行・郵送してもらえるのです［図表9参照］。

この寄付金受領証明書の受領日が重要です。先ほどご説明したワンストップ特例制度を使って翌年度の住民税から控除（差し引き）してもらうためには、寄付金受領証明書に記載されている受領日が今年の12月31日までである必要があるからです。年末に駆け込み寄付を申し込んだ場合、寄付の申込みは年内にできたとしても、寄付金のやりとりに時間がかかって、受領日が来年の日付になってしまう恐れがあるのです。

でもご安心ください！　こうした手続きのプロセスと期間をギュギュっと圧縮できる方法があるのです。それはクレジットカード決済です。クレジットカードなので分割払いも可能。インターネットで寄付金の払込みを、まさに「あっ」という間に済ませることができます。それに、クレジットカードで寄付金を支払えば、クレジットカードのポイントももらえちゃいます。寄付金は、クレジットカードで支払った方が手間なくおトクなんですね。

クレジットカードでふるさと納税をするときは、専門のふるさと納税サイトが便利。多くのサイトでは、クレジットカードでの支払いに対応しているので、手続きもかんたんです。さらに、条件を満たすと、もらえるポイントが増えるサイトもあります。たとえば「楽天ふるさと納税」の還元率は通常1％ですが、楽天グループのサービスを利用したり、特定のポイントアップの日に寄付金を支払ったりすることで、もらえるポイントが2％、3％…と増えます。

なお、年末の駆け込み寄付をする場合は、自治体ごとに寄付受付締切日が定められていますので、必ず事前にチェックして余裕をもって行ってください。また、寄付した翌年の1月10日までに、寄付した自治体に「ワンストップ特例制度」の「申請書」と「必要書類」を提出（必着）しなければいけないことにも注意してください。

これまでみてきたように、いいことづくしの「ふるさと納税」ですが、実は、もっと〝いいこと〟があります。それは社会貢献です。

ふるさと納税は、応援したい地域を自由に選ぶことができます。ですから、あなたが被災地を支援したいと思ったら、ボランティアには参加できなくても、そこの自治体に「寄付」することで、支援することができるのです。

図表9　銀行振込みで寄付金を支払う場合の例

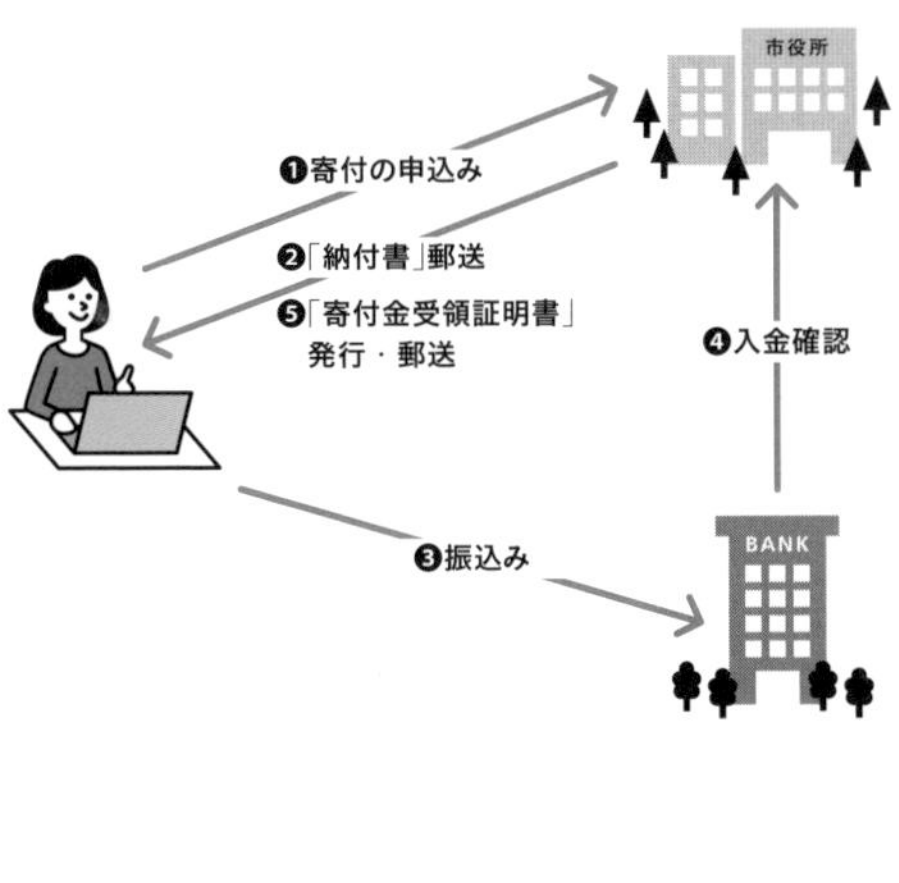

ふるさと納税でニッポンをよくする！

また、ほとんどの自治体では、ふるさと納税の使い道を公表しており、寄付者は、寄付金の使い方を選択できるようになっています。例えば、動物好きのあなたなら「動物の保護」に、自然を愛するあなたなら「自然環境の保護」に、子育て真っ最中のあなたなら「教育の充実」に、というように、あなたが社会的意義を感じる事業にお金を使ってもらうことができるのです。これも立派な社会貢献です。

先日、私が寄付した自治体から「皆様からのご寄付により、今年度、これまで実現が難しかった市内小中学校の楽器購入や子どもの医療費助成の実施などが可能になりました」というハガキが届き、ちょっとすがすがしい気持ちになりました。

もっとしっかり社会貢献したい人には、「ふるさとチョイス」が提供し、自治体が行うクラウドファンディング「ガバメントクラウドファンディング」（ＧＣＦ）へ寄付するという方法もあります。これもふるさと納税の対象となります。今、このＧＣＦは意識高い系ＯＬたちに大人気です。

ＧＣＦとは、ザックリいうと、各自治体がプロジェクトのオーナーになって、その地域の課題を解決するための資金を寄付によってまかなう仕組みです。「ふるさとチョイス」のトップページにある「ＧＣＦ」のバナーをクリックすると、現在進行中のプロジェクトと過去のものがみられます。例えば、「動物と共生するまちづくりプロジェクト」「命をつなぐ『こども宅食』を全国へ！　親子のSOSに気づき、支えられる社会を作りたい」「災害からの復興をふるさと納税で応援」などなど。

「まちづくり」「子ども・教育」「健康・福祉」といったカテゴリーのほか、SDGsの17の目標からも選ぶことができ、関心のあるプロジェクトを探せるようになっています。

なお、GCFのなかには、粋なお礼の品をもらえるものもありますので、おなかも心も満たされたい人におススメです。

わずか2000円で、おいしい特産品をいただいたり、エステでオンナを上げたり、旅行にも行けたり、社会貢献だってできちゃう「ふるさと納税」。今年こそ、あなた流のふるさと納税ライフを楽しんでみてください。

第2章

iDeCoのいただき方

キター！ 定期預金の利回りが20%になる？

今、あなたが預けている銀行の定期預金の金利は、どれくらいですか？ えっ、低すぎて覚えてないって？ ムリもありません。金利はトホホの０・００２％程度です。

ところが、ところがですよ！ その超低金利の定期預金が、「ある制度」を使うだけで、なんと、実質利回りが20％になっちゃうんです！ それが「ｉＤｅＣｏ」（イデコ）です。

しかも、この制度のステキなところは、かしこく使えば、「安全」「確実」「高利回り」で資産運用ができるってところなんです。「お金は増やしたい、でもソンもしたくない」という〝あなた〟にピッタリですよね。

「ｉＤｅＣｏ」は、個人型確定拠出年金（個人型ＤＣ）の愛称で、ザックリいうと公的年金の上乗せ制度です。年金制度について、かる～く復習したい人は、「ワンポイント1」を参照してください。

さて、「個人型ＤＣ（ｉＤｅＣｏ）」というのは、これまでは限られた人しか使えない制度でした。それが法改正によって、２０１７年からは、原則として誰でもこのおトクな制度を利用できるようになったのです。企業年金がある会社に勤めるＯＬさんや、専業主婦（夫）の人、公務員さんも、原則、みんなオッケー。これって、大きなチャンスだと思いませんか♪

ワンポイント1 日本の年金制度

日本の公的年金制度は、わかりやすくいうと「2階建て」になっています。

(1) 1階部分

基本となる1階部分は、すべての人に共通する「国民年金」(基礎年金制度) です。国民年金は、日本国内に住む20歳以上60歳未満のすべての人が対象で、原則として20歳から60歳までの40年間、年金保険料を納め続ける必要があります。国民年金には、「第1号被保険者」「第2号被保険者」「第3号被保険者」と3種類があります。

国民年金(基礎年金制度)	加入対象者
第1号被保険者	自営業者、フリーランスなどの個人事業主、大学生など
第2号被保険者	会社員や公務員、私立学校教職員など
第3号被保険者	専業主婦(夫)

(2) 2階部分

2階部分は、公的年金制度による上乗せ部分です。

公的な上乗せ制度	加入対象者
国民年金基金	自営業者、フリーランスなどの個人事業主、大学生など
厚生年金(被用者年金制度)	会社員、公務員、私立学校教職員など

※専業主婦(夫)には、2階部分に当たる上乗せ制度はありません。

(3) 3階部分

3階部分は、公的年金制度に上乗せする私的年金の部分です。加入できる人は次の通りです。

私的な上乗せ制度	掛金の負担	加入対象者
「iDeCo」(個人型DC)	個人が掛金を拠出	・自営業者、フリーランスなどの個人事業主、大学生など ・「企業年金※1」に加入していない会社員 ・「企業年金」に加入していて、iDeCoへの加入が規約で認められている※3会社員 ・「年金払い退職給付」に加入している公務員、私立学校教職員 ・専業主婦(夫)
「確定給付型企業年金」※2(DB)	原則、会社が掛金を拠出するが、2分の1を上回らない範囲で本人に負担させることもできる	・制度を導入している企業に勤務する会社員
「企業型確定拠出年金」(企業型DC)	会社が掛金を拠出するが、会社が拠出した掛金に本人が掛金を上乗せすることもできる(マッチング拠出)	・制度を導入している企業に勤務する会社員
「年金払い退職給付」	本人が掛金の2分の1を負担	・公務員、私立学校教職員

※1「確定給付型企業年金」と「企業型確定拠出年金」は、「企業年金」と呼ばれています。
※2「確定給付型企業年金」には、厚生年金基金なども含まれます。
※3 2022年10月からは規約の定めが不要になります。

日本の公的年金制度と企業年金

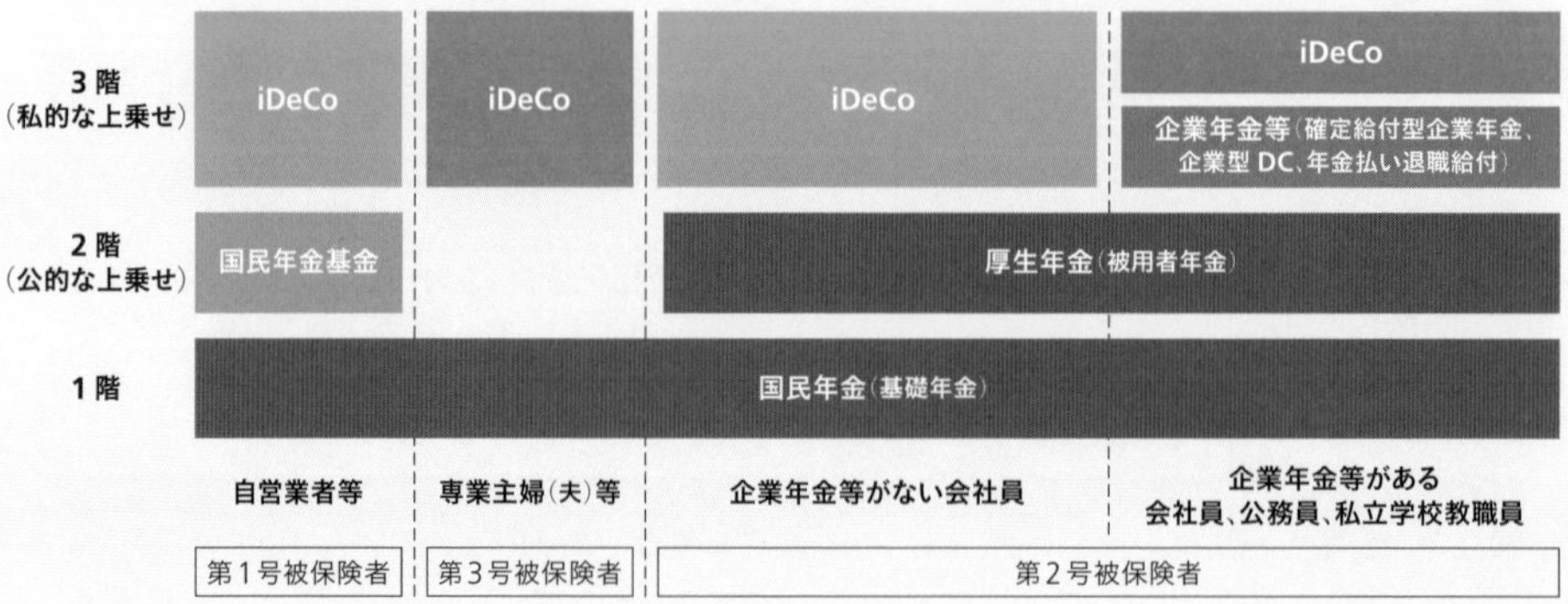
3階
（私的な上乗せ）
2階
（公的な上乗せ）
1階
iDeCo
iDeCo
iDeCo
iDeCo
企業年金等（確定給付型企業年金、
企業型 DC、年金払い退職給付）
国民年金基金
厚生年金（被用者年金）
国民年金（基礎年金）
自営業者等
専業主婦（夫）等
企業年金等がない会社員
企業年金等がある
会社員、公務員、私立学校教職員
第1号被保険者
第3号被保険者
第2号被保険者

コスパ時代の資金づくりは節税よ！

お待たせしました。それでは、どうして金利0・002％の定期預金を「iDeCo」にすると実質利回り20％になるのか、そのからくりをご説明します。

それはズバリ！「所得控除」です。「iDeCo」の拠出金は、すべて「所得控除」になるからなのです。いきなり、税金用語が出てきてしまいましたが、［図表1、2、3］を使ってサクッとご説明します。サラリーマンの所得税は、次の計算式で算出されます。

サラリーマンの場合、「給与所得の源泉徴収票」をみると、年間の給与の収入金額が書いてあります。これがいわゆる「税込み年収」です。

❶「税込み年収」から「給与所得控除額」を差し引きます。給与所得者は、勤務に伴う必要経費を概算控除できることになっています。これを「給与所得控除額」といいます。「給与所得控除額」は、給与の収入金額に応じて定められています。

❷次に各自の「所得控除額の合計額」を差し引きます。「iDeCo」は、「小規模企業共済等掛金控除」に当たります。つまり掛金の全額が「所得控除」できるということです。

❸「税込み年収」から❶と❷を差し引いたものを「課税所得金額」といい、この金額に対して所得税額が課税されます。

図表1　サラリーマンの所得税計算イメージ

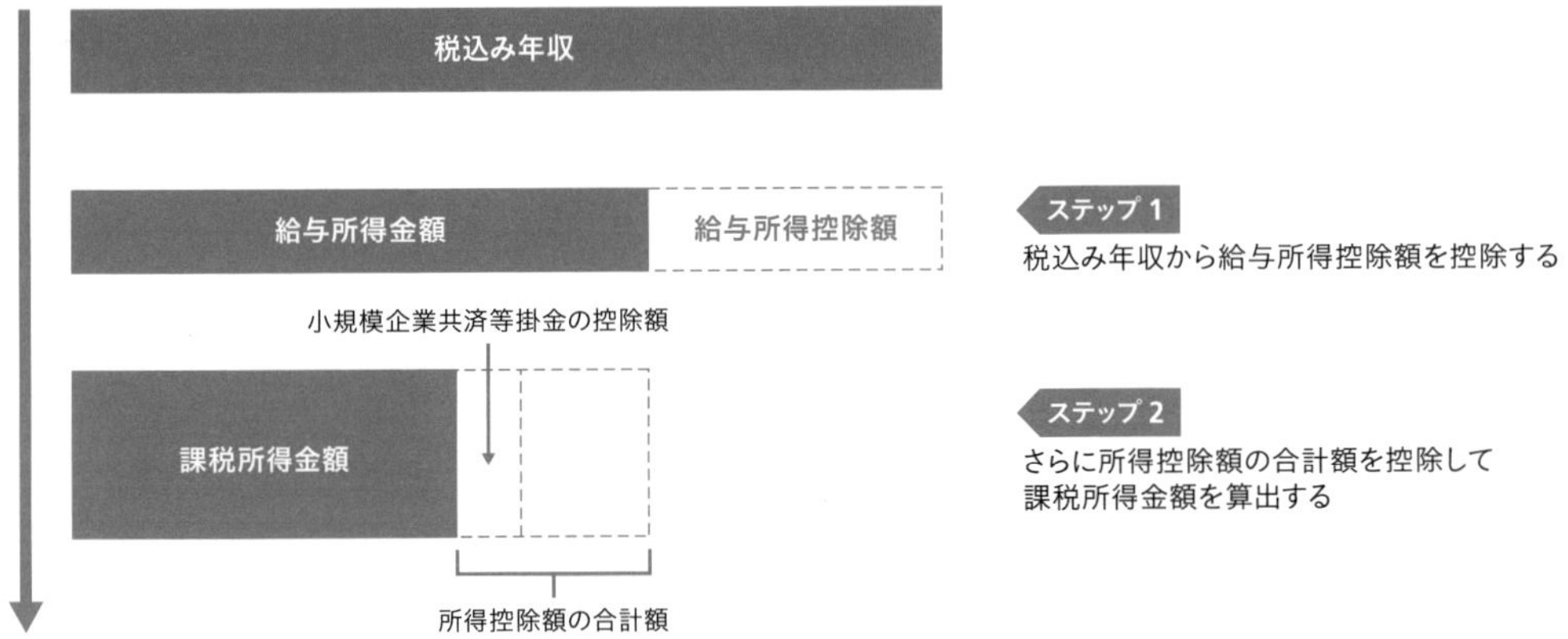

※所得控除できるものは次の通り。「iDeCo」の掛金は小規模企業共済等掛金控除に当たる

社会保険料控除 ／ 小規模企業共済等掛金控除 ／ 生命保険料控除 ／ 地震保険料控除 ／ 配偶者控除 ／ 配偶者特別控除 ／ 扶養控除 ／ 障害者等控除 ／ 基礎控除

図表2　令和2年分以降の給与所得控除額

収入金額	給与所得控除額
180万円まで	年収×40％－10万円 （55万円未満の場合は55万円）
180万1円～360万円まで	年収×30％+8万円
360万1円～660万円まで	年収×20％+44万円
660万1円～850万円まで	年収×10％+110万円
850万1円以上	195万円

図表3　令和2年分以降の所得税の税額表

課税所得金額	税率	控除額
1,000円～195万円まで	5%	0円
195万1円～330万円まで	10%	9万7,500円
330万1円～695万円まで	20%	42万7,500円
695万1円～900万円まで	23%	63万6,000円
900万1円～1800万円まで	33%	153万6,000円
1800万1円～4000万円まで	40%	279万6,000円
4000万1円以上	45%	479万6,000円

このように、「所得控除」できるということは、所得税を計算する課税所得金額を減らせるということです。いまひとつ理解しづらいと思いますので、どれだけトクになるのか数字でお見せしましょう。［図表4］をみてください。

Aさんは、毎月、「iDeCo」の定期預金に2万円ずつ拠出したとします。年間24万円です。iDeCoに拠出した場合、この24万円が「所得控除」できます。つまり、Aさんは、24万円分の所得をなかったことにできるのです。

その結果、Aさんの所得税率が10％だとすると、年末調整することで、所得税2万4000円（24万円×10％）が還付され、翌年度の住民税2万4000円（24万円×一律10％※1）が減額されます。所得税と住民税を合わせると、4万8000円。年間24万円拠出して、4万8000円節税になるということは、実質利回り20％となります。

図表4　所得控除の効果イメージ

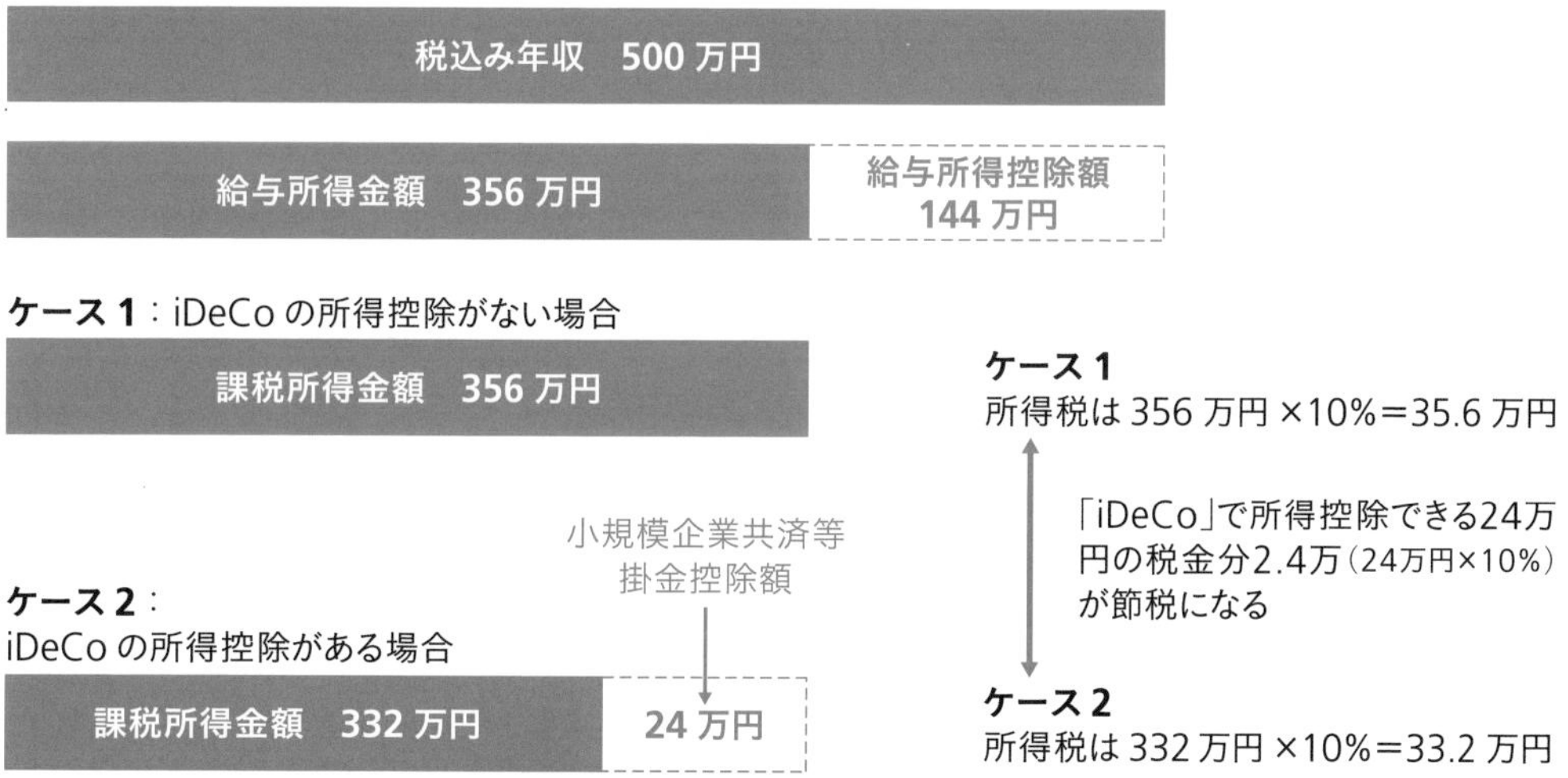

※図表はiDeCoの所得控除効果をわかりやすく説明するためのものです。
所得税率は10%として計算し、その他の所得控除（社会保険料控除や基礎控除など）は割愛しています。

整理しますと、Aさんは、ｉＤｅＣｏに年間24万円拠出して、定期預金で運用した結果、年間24万円の定期預金を積み立てでき、さらに税金４万８０００円を節税できるということです。しかも、これが毎年続きます。20年間続けると96万円にもなります。

ただし、ここでは「所得控除」のメリットをわかりやすく説明するために、「口座管理手数料」などの費用は考慮していません。それらのコストを含めた場合の実質利回り※2は約17・5%です。これについては、最後に詳しくシミュレーションします。

また、事例では所得税の税率を10%にしましたが、所得が多い人ほど税率は上がりますので、実質利回り30%（コスト含まず）もあり得るのです。いかにｉＤｅＣｏが税制優遇措置のボスキャラかがわかりますよね。

※1　本書で記載する住民税は、所得に対して課税する「所得割」のことをいいます。一部の自治体では、住民税の「所得割」が10%ではないところもあります。

※2　本書では、仕組みをわかりやすく説明するために、通常、コストを含めない利回りを示しています。コストを含めた利回り計算については72ページを参照してください。

あなたが拠出できる額はいくら？

「そんなにおトクな制度なら、あり金すべて『iDeCo』にしちゃおっと」。こんな声が聞こえてきそうですが、それはムリです。拠出限度額というものがあるからです。

「iDeCo」は、あなたの仕事や公的年金の上乗せ部分の有無によって、いくらまで掛金を拠出できるのかが決まっています。早見チャート［図表5］をつくりましたので、まずは、あなたの限度額をチェックしてみましょう。

（1）自営業やフリーランスなど

例えば、自営業やフリーランスなどの個人事業主、学生など、国民年金の第1号被保険者［31ページのワンポイント1参照］に該当する人は、月額6万8000円まで拠出できますので、年間の拠出限度額は81万6000円になります。

（2）会社員

第2号被保険者の人は少し複雑です。民間会社に勤務していて、

❶会社に「企業年金」制度がない人は、月額2万3000円まで拠出できます。年間の拠出限度額は27万6000円です。

❷会社に「企業年金」制度があるけれど、それが「企業型DC」のみの人は、原則、「企業型DC」と「iDeCo」の両方に加入できます（確定拠出年金の種類については［ワン

図表5　**確定拠出年金のタイプと掛金上限額　早見チャート**

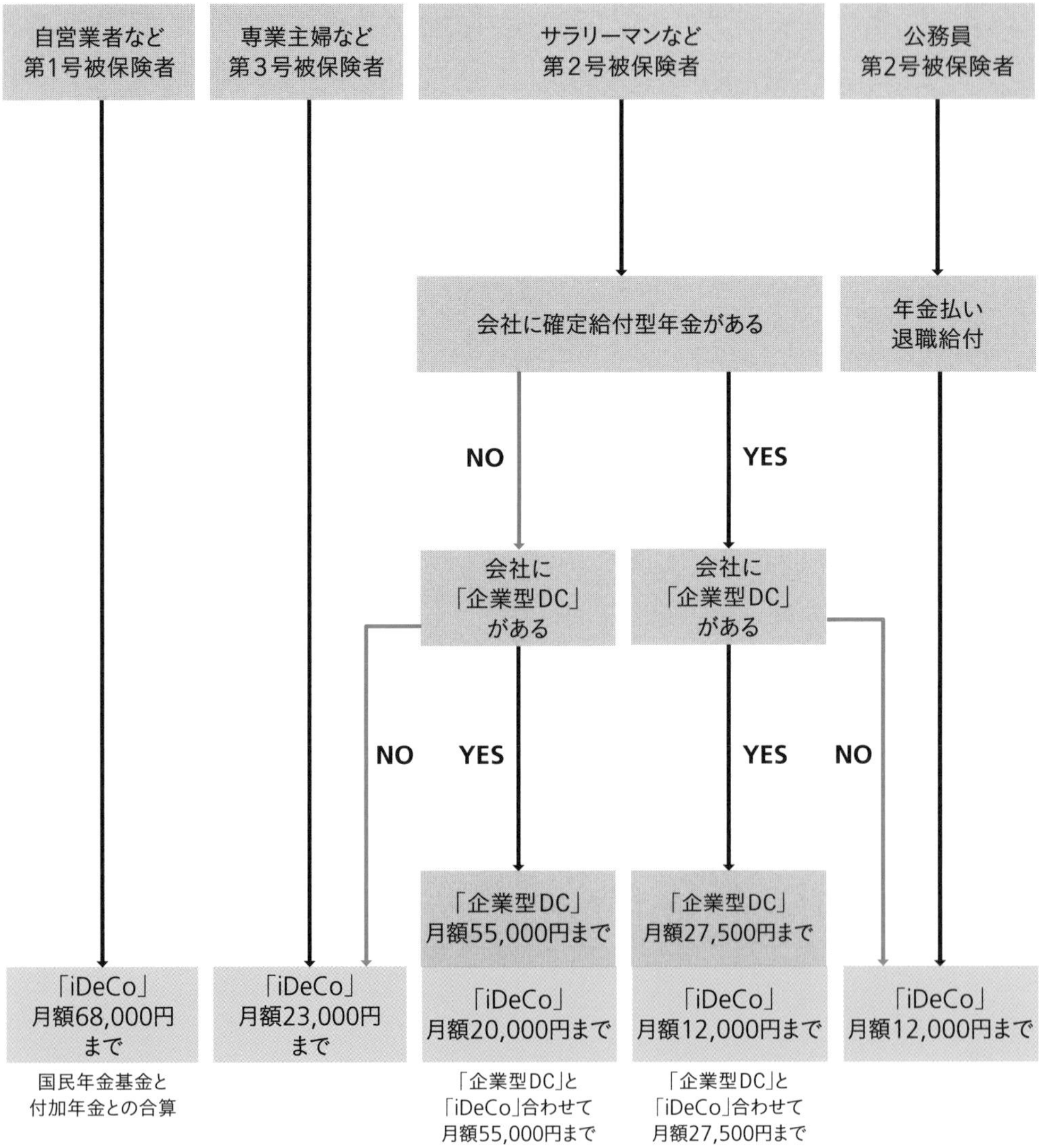

ポイント2参照］）。「企業型ＤＣ」の上限は月額5万5000円まで、「ｉＤｅＣｏ」の上限は月額2万円です。ただし、「企業型ＤＣ」と「ｉＤｅＣｏ」の合計拠出額に上限（月額5万5000円）が定められています。

また、「企業型ＤＣ」に加入している人が、「ｉＤｅＣｏ」にも加入する場合、次の要件を満たす必要があります。詳しくは、あなたの勤務先に問い合わせてください。

・「企業型ＤＣ」でマッチング拠出（従業員拠出）を行っていないこと
・「ｉＤｅＣｏ」に加入できる旨、「企業型ＤＣ」の規約に定められていること（2022年10月からは規約の定めが不要になります）

❸ 会社に「確定給付型企業年金」（ＤＢ）と「企業型ＤＣ」がある人は、原則、「企業型ＤＣ」と「ｉＤｅＣｏ」の両方に加入できます（ＤＣとＤＢの違いは［ワンポイント3参照］）。「企業型ＤＣ」の上限は月額2万7500円、「ｉＤｅＣｏ」の上限は月額1万2000円です。ただし、❷と同じく、「企業型ＤＣ」と「ｉＤｅＣｏ」の合計拠出額に上限（月額2万7500円）が定められています。注意事項も❷と同じです。

（3）公務員、私立学校教職員

第2号被保険者のうち、公務員や私立学校教職員の人は、月額1万2000円まで拠出できます。年間の拠出限度額は14万4000円です。

（4）専業主婦（夫）

第3号被保険者の人は、月額2万3000円まで拠出できます。年間の拠出限度額は27万6000円です。

ワンポイント2 確定拠出年金の「企業型」と「個人型」の違い

確定拠出年金には、「企業型」と「個人型（iDeCo）」の二つの制度があります。「企業型」は、会社が確定拠出年金制度を導入して、従業員のために掛金を拠出する制度です。会社が拠出した掛金に、本人が掛金を上乗せすることもできます。これを「マッチング拠出」といいます。

「個人型」は、個人が任意に加入し、各自が掛金を拠出する制度です。2017年から、原則、すべての会社員、専業主婦（夫）の人、公務員も加入できるようになりました。iDeCoは個人型確定拠出年金の愛称です。

「個人型」は拠出額全額が、「企業型」は本人がマッチング拠出した部分が「所得控除」できます。

確定拠出年金には「企業型」と「個人型」がある

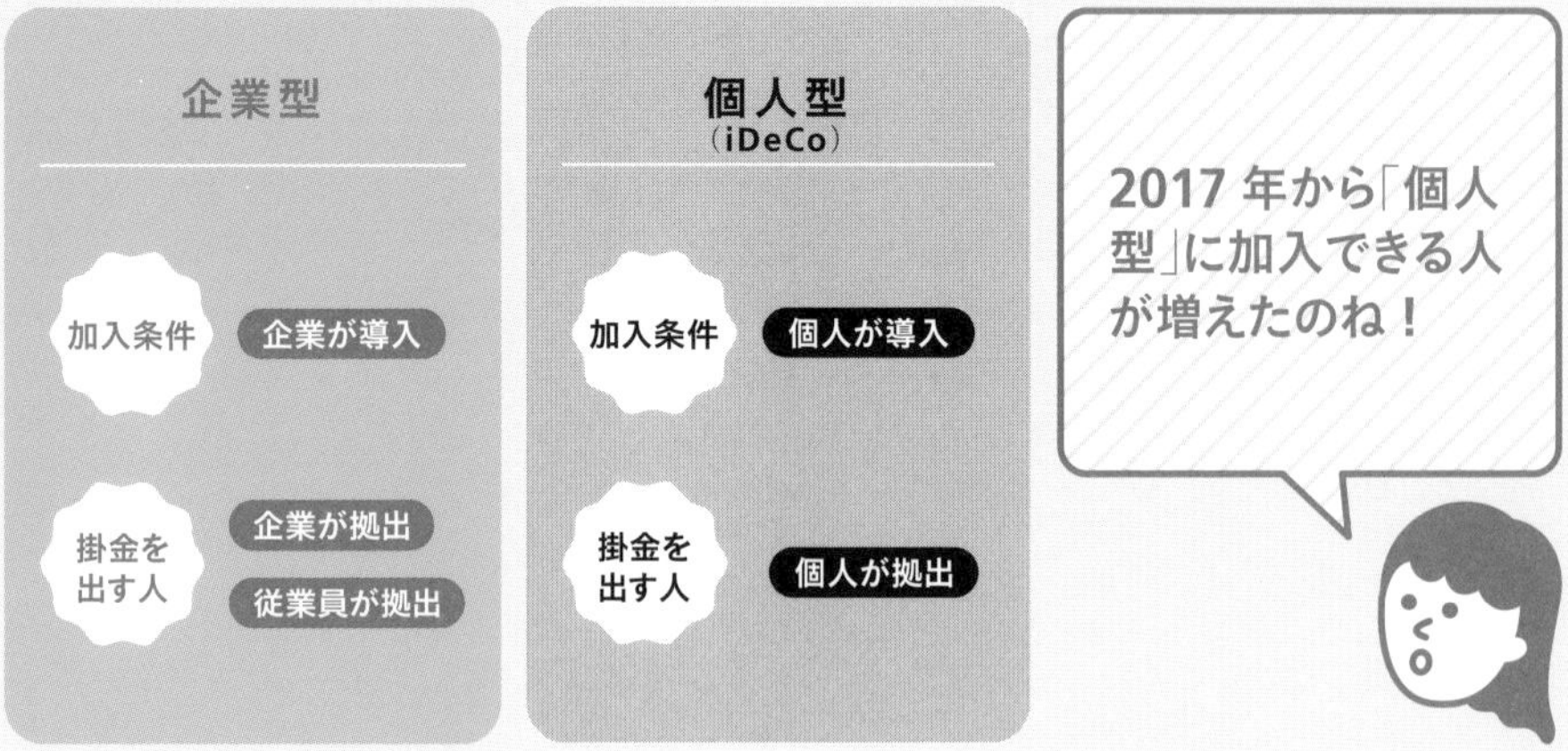

ワンポイント3 「企業型DC」と「DB」の違い

「企業年金」の「企業型DC」と「DB」には、大きな違いがあります。それは、「確定拠出」か「確定給付」かの違いです。「確定拠出」とは、会社が毎月拠出する額が決まっている制度です。「確定給付」とは、将来、従業員が受け取る給付額が、あらかじめ決められている制度です。

企業型DCと確定給付型企業年金（DB）の違い

	企業型DC	DB
拠出金	確定	変動
給付額（年金または一時金）	変動	確定
運用リスク	従業員が負担（企業の追加負担なし）	企業が負担
転職時	持ち運びできる	持ち運びできない
管理	個人の口座ごとに管理	企業が管理

さて、具体的に、自分が「iDeCo」にいくらまで拠出できて、いくら節税できるのかをシミュレーションできたり、さまざまな情報をゲットできたりする便利なサイトがありますので、ご紹介しておきます。それは、「確定拠出年金スタートクラブ」というサイトです。ここには、きっとあなたが知りたい情報があると思います。（https://dc-startclub.com/）

ここをクリック!

↓

いくら節税できるか計算してみよう!

ヨーロッパ周遊もタダで行けちゃうかも？

それでは、「ｉＤｅＣｏ」のすごさを具体的な事例で実感してみたいと思います。これは、すでに「ｉＤｅＣｏ」に加入しているＯＬのＢ子さんの事例です。Ｂ子さんの会社は、「企業年金」を導入していませんので、月額の拠出限度額は２万３０００円です。

Ｂ子さんの税込み年収は約５００万円。毎月「ｉＤｅＣｏ」に２万円を拠出して定期預金にしているそうです。彼女の場合、所得税率は10%なので、年末調整することで２万４０００円が節税できるそうです。さらに住民税（一律10%）と合わせると、その節税効果は４万８０００円にもなります［図表6参照］。

この４万８０００円を手にしたＢ子さんは、「このお金で、友だちと都内のゴージャスホテルのエステプ

図表6　**B子さんのケース**

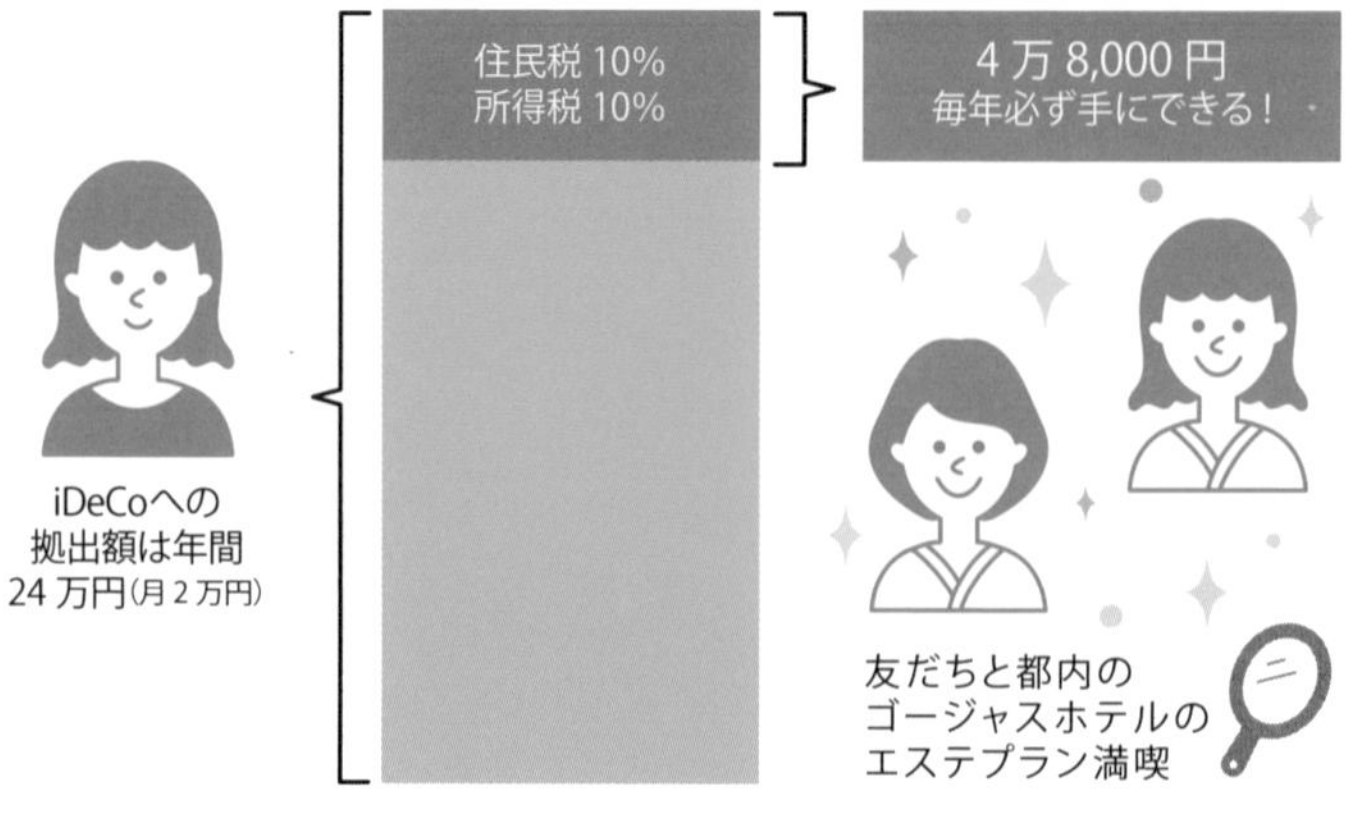
住民税 10%
所得税 10%
4万 8,000円
毎年必ず手にできる！
iDeCoへの
拠出額は年間
24万円(月2万円)
友だちと都内の
ゴージャスホテルの
エステプラン満喫

ランに行っちゃおう♪」と思ったそうです。こうして、実際にエステプランに行ったB子さんですが、心も体もピッカピカになり、大満足だったとか。やっぱり「iDeCo」って超おトクな制度ですよね♪

ちなみにこの「iDeCo」ですが、DINKSだと、さらにメリットが大きくなるんです。例えば、それぞれ年収が500万円の会社員で、年間24万円ずつ「iDeCo」に拠出するとします。すると、なんと夫婦で年間9万6000円の節税効果［図表7参照］が！

しかも、最初に手続きしてしまえば、毎年自動的に節税されるので、20年たつとその節税額の累計は192万円にもなります！　これだけあれば、夫婦でヨーロッパを一周してもお釣りがくるかもしれませんよ。

なお、「所得控除」で節税できる税金は、年収と職業などで大きく異なります。では、具体的にどのくらい違うのかケースごとにみてみましょう。

❶ A子さんの場合

・28歳
・メーカー勤務（企業年金制度なし）
・税込み年収300万円
・毎月の拠出額は2万3000円
・所得税率5％、住民税率10％

A子さんの場合、所得税の節税額は年間1万

図表7　DINKSのケース

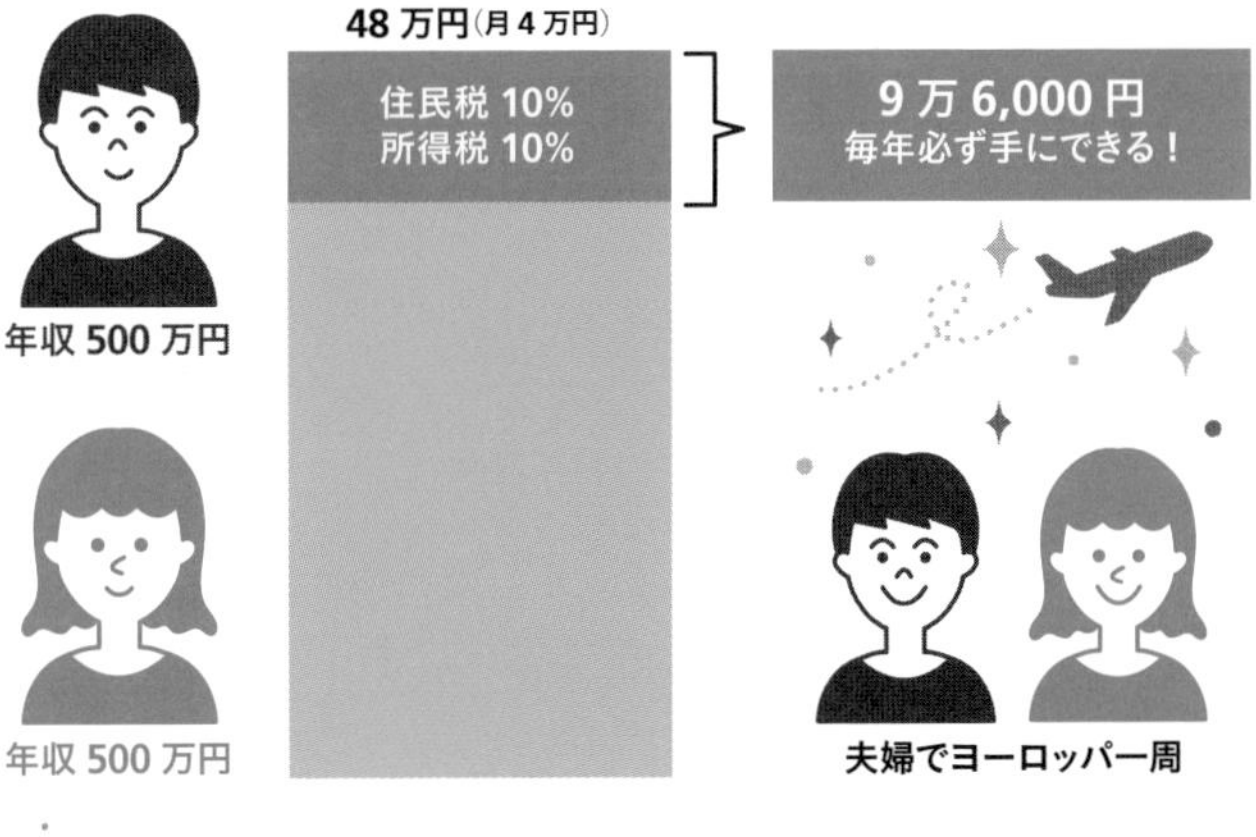

3800円です。住民税の節税額は、2万7600円です。合計節税額は4万1400円。年間拠出額27万6000円に対して、節税金額が4万1400円ですから、実質利回りは年利15％になります。

❷ Bさんの場合

・33歳
・公務員
・税込み年収500万円
・毎月の拠出額は1万2000円
・所得税率10％、住民税率10％

Bさんの場合、所得税の節税額は年間1万4400円です。住民税の節税額も1万4400円です。合計節税額は2万8800円。年間拠出額14万4000円に対して、節税金額が2万8800円ですから、実質利回りは年利20％になります。

❸ C子さんの場合

・42歳
・出版社勤務（企業年金制度なし）
・税込み年収700万円
・毎月の拠出額は2万3000円
・所得税率20％、住民税率10％

C子さんの場合、所得税の節税額は年間5万5200円です。住民税の節税額は2万7600円です。合計節税額は8万2800円。年間拠出額27万6000円に対して、節税金額が8万2800円ですから、実質利回りは年利30%になります。

このように、年収が高く、所得税の税率が高い人ほど節税できる金額が高くなることがわかります。その一方で、年収が少ない人でも、拠出金額を大きくすることで、節税効果を高められることがわかります。参考にしてみてください。

実は、あと二つも税制優遇があるんです

ここまで、「ｉＤｅＣｏ」の「所得控除」という税制優遇に焦点を当ててお話ししてきましたが、実は、「所得控除」は「ｉＤｅＣｏ」がもつ、三つのメリットのうちの一つにすぎません。これから、残りの二つについてご説明します。

「ｉＤｅＣｏ」は、「拠出時」「運用時」「受取時」のすべての期間において税制優遇があります［図表8参照］。

（1）「拠出時」の税制優遇

拠出額が全額「所得控除」の対象となります。

（2）「運用時」の税制優遇

運用の結果得られた運用益が期間中ずっと非課税になります。通常、資産運用によって得られた運用益（利息、配当金、分配金など）に対しては、20・315％（復興特別所得税含む）の源泉分離課税が課されます。それが、「ｉＤｅＣｏ」については、運用期間中ずっと非課税になります。ということは、複利でどんどん増えていくということなんです！

例えば、毎月2万円を拠出し、3％複利で運用したとします。通常の課税口座（特定口座など）で運用した場合と、ｉＤｅＣｏで運用した場合の差額は［図表9］のように、30年後には114万円もの差になるのです。つまりこれだけおトクということ。節税は最強の運用なのです！

ところで、「ｉＤｅＣｏ」で選べる金融商品は、定期預金だけではありません。投資信託な

図表8　三つの税制優遇

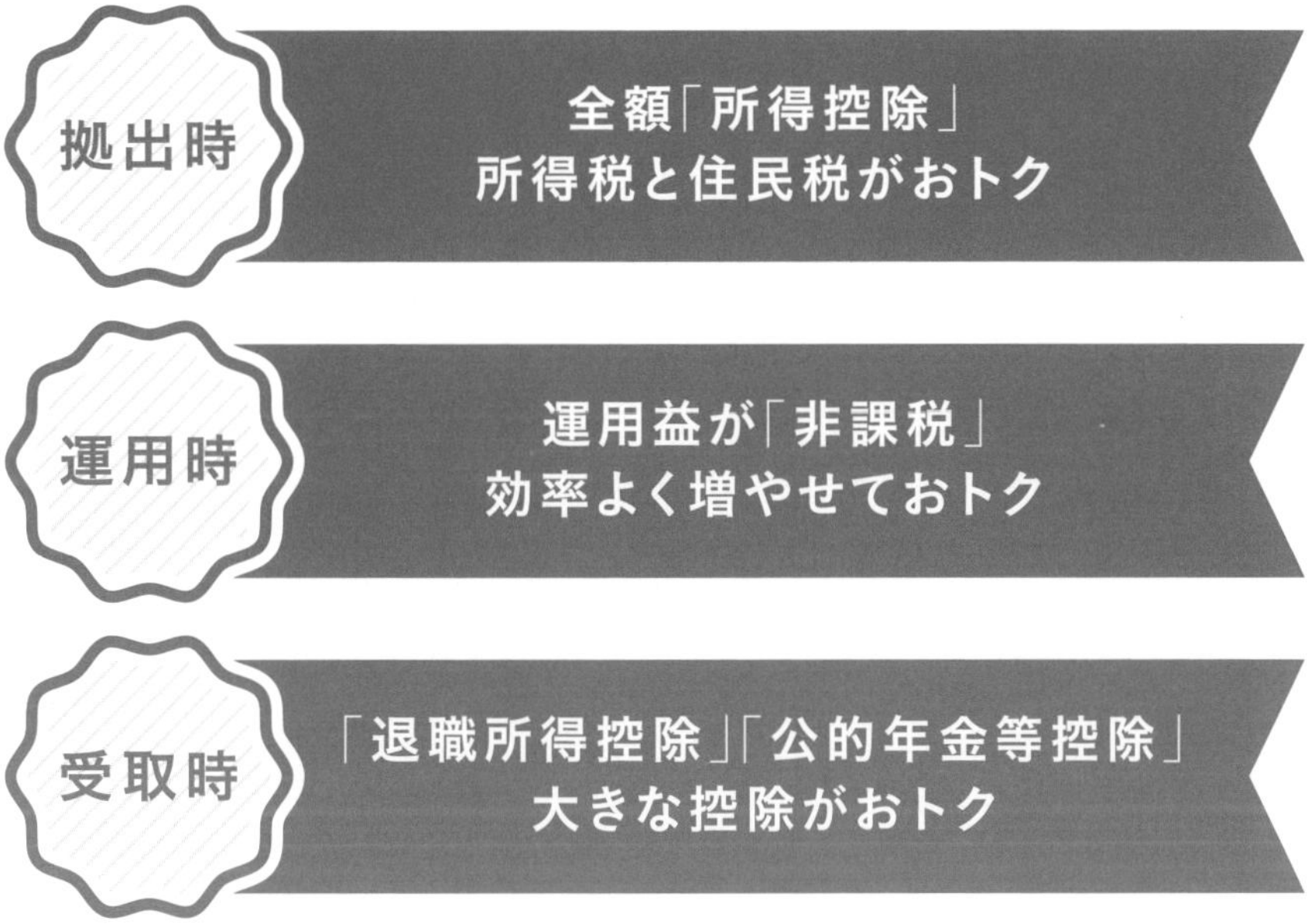

図表9　iDeCoの運用非課税効果

年数	iDeCo	特定口座等	差額
5年	129万円	127万円	2万円
10年	279万円	270万円	9万円
15年	453万円	432万円	21万円
20年	656万円	614万円	42万円
25年	892万円	819万円	73万円
30年	1,165万円	1,051万円	114万円

※１年複利の場合の概算値です。

ども選べます。ザックリいうと、「ｉＤｅＣｏ」で選べる商品は次の２種類です［図表10］。

①「元本が確保される商品」

「元本が確保される商品」とは、満期までもっていれば元本が確実に戻ってくる商品です。元本とは、金融商品へ投資した金額のことです。みなさんが利用している定期預金はこの元本確保商品の代表といえます。一部の保険もこれに当たります。

②「元本が確保されない商品」

「元本が確保されない商品」とは、投資した金額よりも増えるかもしれないし、投資した金額よりも減ってしまうかもしれない商品です。投資信託がこれに当てはまります。

リスクはあっても、お金をできるだけ増やしたいと思うなら、運用益が非課税になるメリットを最大限に生かして、複利でぐるんぐるん回して資産運用すべきです。

でも、「資産運用なんてやったことないから怖い」と思うなら、ムリせず定期預金でまったり運用していきましょう。定期預金でも、「ｉＤｅＣｏ」なら「所得控除」がありますから、金利０・００２％でも実質20％程度になります。まずは定期預金からスタートして、将来のために、少しずつ資産運用を始めていくのも〝かしこい選択〟だと思います。

図表10　iDeCoで選べる商品は大きく分けて2種類

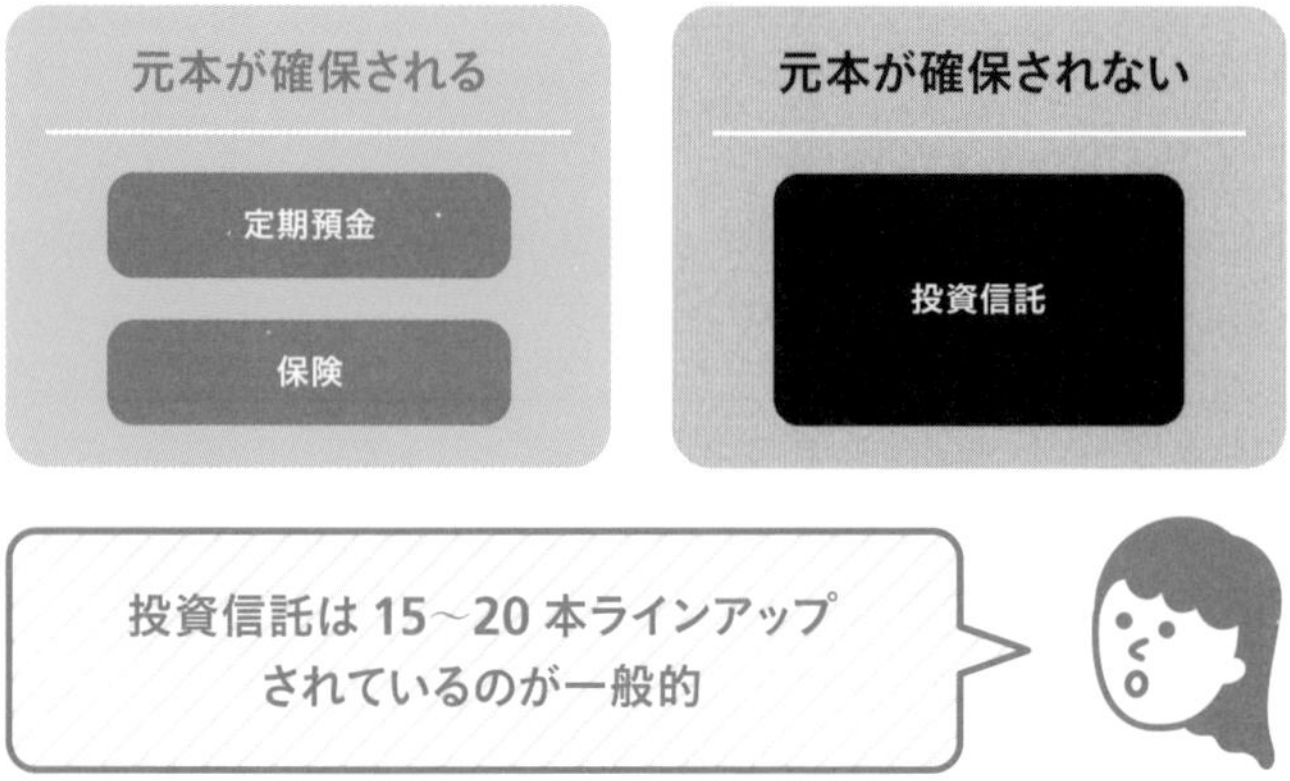

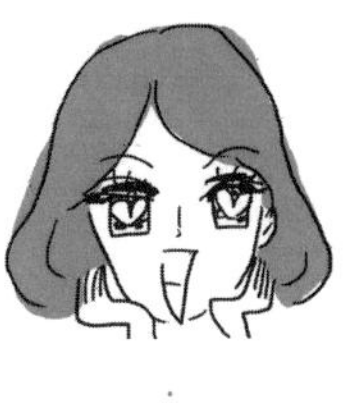

それって、確実にためられるってことよね

最後は、「受取時」の税制優遇についてお話しします。

(3)「受取時」の税制優遇

「退職所得控除」と「公的年金等控除」があります［ワンポイント4］。

60歳になったら、次の3パターンから受取方法を選ぶことができます。

❶ 一時金としてまとめて受け取る

この場合は、受取時に「退職所得控除」という税制優遇措置が使えます。退職金は金額が大きいですよね。所得税率は、課税対象となる退職所得金額が大きくなるほど高くなります。

老後生活のよりどころとなる退職金に、まるまる税金をかけられてしまったら、手元に残るお金が少なくなってしまいます。長く働いて、やっともらえた退職金。楽しみにしていたのに、やっともらえると思ったら税金でたくさん持っていかれてしまうなんて、血も涙もありません。

でも大丈夫！　そういうことにならないように、「退職所得控除」という税金の優遇措置があるのです。そして、この税制優遇措置は「ｉＤｅＣｏ」を一時金として受け取る時にも適用されるのです！　これは本当にうれしい仕組みです。詳しい計算方法を

ワンポイント 4　iDeCoの受取方法

❶一時金としてまとめて受け取る場合

税金は、次の計算式によって算出した「退職所得」に対して課税されます。

（「一時金」－「退職所得控除額」）× 1/2＝「退職所得」

ということは、「一時金」の金額が「退職所得控除」の額と同じか、それよりも少なければ、「退職所得」はゼロ！　つまり税金がかからないということです。

そこで気になるのが、「退職所得控除はいくらなのか」です。これは「iDeCoの掛金を払っていた期間」に応じて決められており、20年を境に計算方法が変わります。結論からいうと20年を超えているほうが有利です。

（20年以下）

40万円 ×掛金を払っていた期間（年）

（20年超）

800万円 + 70万円 ×（掛金を払っていた期間（年）－ 20年）

例えば、15年間掛金を払い続けた場合、「20年以下」の計算方法になるため、40万円 × 15年 = 600万円となります。つまり600万円まで税金がかからないということです。

一方、30年間掛金を払い続けた場合、「20年超」の計算方法になるため、800万円 + 70万円 ×（30年 － 20年）= 1,500万円となります。つまり1,500万円まで税金がかからないということになります。こうしてみると、20年を超えたほうが、税制面ではすごくおトクといえます。もし、あなたが「iDeCo」を始めようかなと思っているのなら、1日も早くスタートさせたほうが有利ということです。

❷年金形式で何年かにわたって受け取る場合

税金は、次の計算式によって算出した雑所得に対して課税されます。

「公的年金等収入額」－「公的年金等控除額」＝公的年金等に係る雑所得（課税対象額）

「公的年金等控除額」は次の表から求めます。算出された「雑所得」は、他の所得と合算して課税されます（総合課税）。このように、「公的年金等収入金額」から「公的年金等控除額」を差し引けることで、課税対象額を大きく低減させることができるのです。

公的年金等控除額（令和2年分以後／合計所得が1,000万円以下の場合）※

65歳未満の人	
公的年金等の収入金額の合計	公的年金等控除額
130万円未満	60万円
130万円以上410万円未満	収入金額×0.25＋27万5,000円
410万円以上770万円未満	収入金額×0.15＋68万5,000円
770万円以上1,000万円未満	収入金額×0.05＋145万5,000円
1,000万円以上	195万5,000円

65歳以上の人	
公的年金等の収入金額の合計	公的年金等控除額
330万円未満	110万円
330万円以上410万円未満	収入金額×0.25＋27万5,000円
410万円以上770万円未満	収入金額×0.15＋68万5,000円
770万円以上1,000万円未満	収入金額×0.05＋145万5,000円
1,000万円以上	195万5,000円

※合計所得（年金＋その他の収入）が1,000万円超2,000万円以下や2,000万円超の場合、公的年金等控除額は段階的に引き下げられます。

知りたい人は［ワンポイント4］をみてください。

❷ 年金形式で何年かにわたって受け取る

この場合は、「公的年金等控除」という税制優遇が使えます。これは、公的年金や確定拠出年金などから受け取る金額（収入金額）から「公的年金等控除」を差し引くことで、課税される金額（雑所得）を少なくすることができる制度です。

年金形式で受け取る場合には、年金を受け取る期間を10年間、20年間という具合に自由に設定することができます。また、受け取る回数も自由に設定でき、毎月受け取ることもできれば、2カ月ごとや半年ごとに受け取ることもできます。ただし、金融機関によって異なりますので、詳しくは金融機関に問い合わせてください。

ただし、受け取る際、毎回、振込手数料がかかりますので、その点も考慮して受け取る回数を決めるようにしてください。せっかく運用時が非課税なのですから、受取時にもなるべく手数料がかからないようにしたいものです。

❸ 一部を一時金として受け取り、残りを年金形式で受け取る

この場合、一時金として受け取る分については❶と同じに、年金形式で受け取る分については❷と同じになります。自分のライフプランに合わせて、悠々自適なリッチマダムを目指しましょう♪

なお、「退職所得控除」と「公的年金等控除」という税制優遇措置は、「iDeCo」に対して、独立して適用されるものではありません。退職金や公的年金にも適用されます。このため、❶から❸のどの形式で受け取るのが一番有利になるのかは、一概にはいえません。あなたが受け取る退職金の額や、公的年金の支給開始時期（公的年金は繰下げ支給も選択できます）に応じて、最も有利な受取方法を選ぶようにしましょう。

最後に、受取時の注意点をお話しします。これは大事なので、しっかり理解してください。「ｉＤｅＣｏ」は、「拠出してよし、運用してよし、受け取ってよし」の三拍子そろった、コスパの優れた商品ですが、あくまでも老後資金準備のための制度であることから、原則として、60歳前に資産を引き出すことはできません。詳しくは、［図表11、12］をみてください。

「じゃあ、せっかく積み立てても、結婚、出産、子どもの教育資金、住宅購入などのイベントには使えないってこと？」

そうなのです。でも、よーく考えてみてください。60歳まで引き出せないからこそ、確実に老後資金を蓄えることができるってものじゃないですか。いつでも引き出せると思ったら、ついつい手を出したくなります。だから、60歳まで引き出せないということは、逆にメリットだと思うのですがいかがですか？

なお、２０２２年にｉＤｅＣｏ・企業型ＤＣの制度が一部改正される予定です。

まず4月から、ｉＤｅＣｏ・企業型ＤＣの老齢給付金の受給開始時期の上限が75歳に延長されます。

続いて5月からは、ｉＤｅＣｏの加入可能年齢が65歳、企業型ＤＣの加入可能年齢が70歳に引き上げられます。ただし、ｉＤｅＣｏは第2号被保険者以外は、国民年金に任意加入していることが加入の条件です。

そして10月からは、企業型ＤＣの加入者でもｉＤｅＣｏに加入しやすくなります。現状、企業型ＤＣの加入者がｉＤｅＣｏに加入するためには、企業型ＤＣの規約に「ｉＤｅＣｏに加入できる」という定めが必要なため、実際には加入できない人が多くいました。しかし、この改正によって、より加入しやすくなる予定です。

図表11　受給方法は3種類

受給方法	条件	内容
老齢給付金	原則、60歳から受給	・60歳時点でiDeCoへの加入期間が10年に満たない場合は、受給開始年齢が段階的に引き上げられる（図表12参照）
障害給付金	70歳に到達する前に傷病によって一定以上の障害状態になり、1年6カ月を経過した場合	・5年以上の有期または終身年金もしくは、一時金から選択 ・給付金は非課税
死亡一時金	死亡時	・加入者が死亡した場合、遺族が一時金として受け取る ・給付金は、税法上「みなし相続財産」となり、「法定相続人の人数×500万円」まで非課税

図表12　必要加入期間と受給開始年齢

加入年齢	加入期間	受給開始年齢
～50歳未満	10年以上	60歳～75歳
50～52歳未満	8年以上10年未満	61歳～75歳
52～54歳未満	6年以上8年未満	62歳～75歳
54～56歳未満	4年以上6年未満	63歳～75歳
56～58歳未満	2年以上4年未満	64歳～75歳
58～60歳未満	1カ月以上2年未満	65歳～75歳
60歳以上	（2022年5月1日 ～）	5年経過後～75歳

パートママだってこれだけトクできます！

正社員でないパートママにもグッドニュースがあります。それは、2017年から第3号被保険者、つまり専業主婦の人も「iDeCo」に加入できるようになったことです。拠出できる額は、毎月5000円から2万3000円までの範囲です。

パートママの場合、収入が少ないので、かしこく制度を使う必要があります。それでは、いくら拠出するのが一番おトクなのでしょうか？　この点を説明するためには、いわゆる「103万円の壁」といわれているものについて整理する必要があります［図表13参照］。

通常、103万円以内で働くと、妻の所得税がかからないうえに、夫も「配偶者控除」を受けられるというメリットがあります。重要なテーマなので詳しくご説明します。

パートママの収入は、通常、給与所得となります。給与所得の金額は、年収から「給与所得控除額」を差し引いて求めます

図表13　**税金·社会保険料の壁**

収入	負担
100万円の壁	一般的に住民税の支払いが発生
103万円の壁	所得税の支払いが発生。扶養者は配偶者控除を受けられる
106万円の壁	図表14に該当する人は社会保険料の支払いが発生
130万円の壁	社会保険料の支払いが発生
201万円の壁	扶養者は配偶者特別控除が受けられない

［34ページの図表1、2参照］。「給与所得控除額」は最低55万円ですから、パートの収入金額が103万円以下（55万円＋所得税の基礎控除額48万円）で、ほかに所得がなければ所得税はかかりません。

この103万円の壁を超えると、所得税の支払いが発生するのですが、見方を変えれば、その超えた金額に対して、「iDeCo」の最大のメリットである「所得控除」が使えるってことです。では実際にシミュレーションしてみましょう［図表15参照］。

毎月、「iDeCo」に2万円を拠出したとします。年間では24万円になりますから、24万円分の「所得控除」ができることになります。ということは、パートで127万円（103万円＋24万円）働いても、所得税がかからないということになります。

127万円－55万円（給与所得控除額）－48万円（基礎控除額）－24万円（所得控除額）＝0

このように、年間127万円まで働いて、「iDeCo」に毎月2万円拠出すると、年間24万円の積み立てができ、さらに毎年3万6000円（所得税5％、住民税10％）が節税になるのです。これは実質利回り15％になります。

ただし、注意してほしいことがあります。2016年10月から厚生年金保険・健康保険の加入対象が拡大され、［図表14］の条件すべてに該

図表14　社会保険適用の条件

5つの条件すべてに当てはまる場合、
給料から「健康保険料」と「厚生年金保険料」が引かれるようになります。

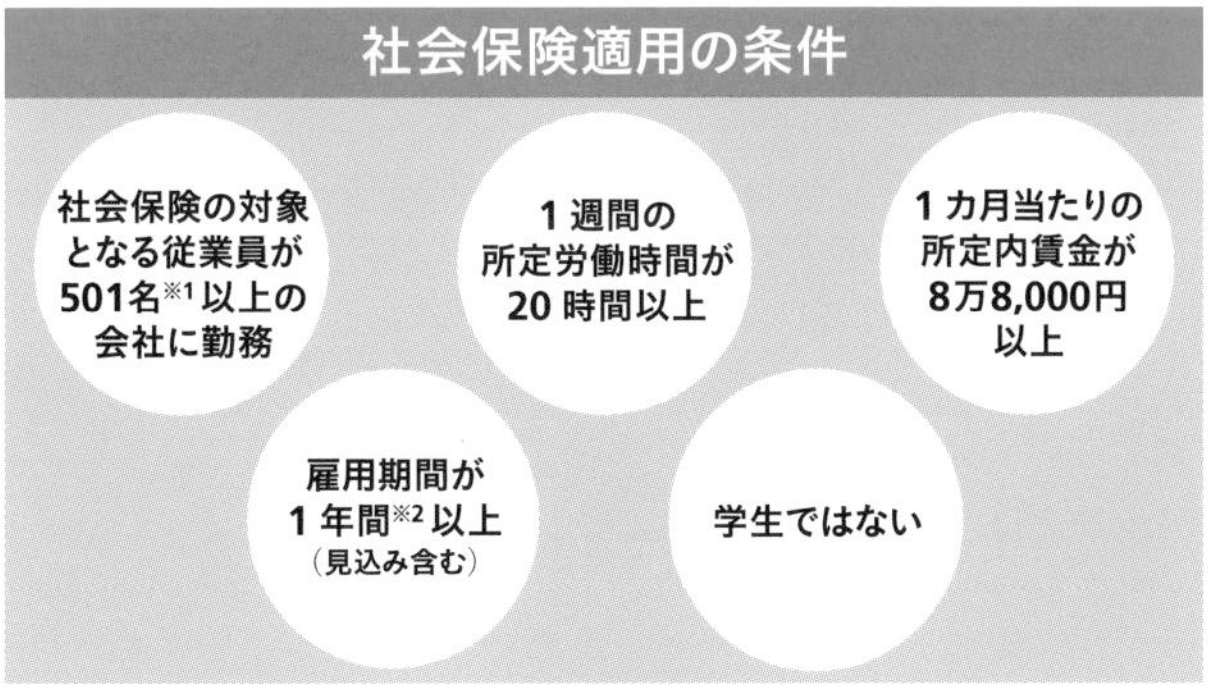
社会保険適用の条件
社会保険の対象となる従業員が501名※1以上の会社に勤務
1週間の所定労働時間が20時間以上
1カ月当たりの所定内賃金が8万8,000円以上
雇用期間が1年間※2以上（見込み含む）
学生ではない

※1 2022年10月からは101名以上。
※2 2022年10月からは2カ月を超えて見込まれること。

図表15-1　**iDeCoを使った場合の損得ボーダーライン**

iDeCo利用前

	専業主婦	社会保険料なしの人		社会保険料ありの人	
年収	103万円以下	115万円	127万円	133万円	145万円
給与所得控除	55万円	55万円	55万円	55万円	55万円
基礎控除	48万円	48万円	48万円	48万円	48万円
社会保険料控除（※）	0円	0円	0円	18万円	18万円
課税所得	0円	12万円	24万円	12万円	24万円
所得税負担	0円	0.6万円	1.2万円	0.6万円	1.2万円
住民税負担	0円	1.2万円	2.4万円	1.2万円	2.4万円
税負担合計	0円	1.8万円	3.6万円	1.8万円	3.6万円

iDeCo利用後

掛金（月）	1万円	1万円	2万円	1万円	2万円
掛金（年）	12万円	12万円	24万円	12万円	24万円
小規模企業共済等掛金控除	12万円	12万円	24万円	12万円	24万円
課税所得	0円	0円	0円	0円	0円
税負担合計	0円	0円	0円	0円	0円
節税効果	0円	1.8万円	3.6万円	1.8万円	3.6万円

※社会保険料控除は目安です。標準報酬月額や地域で異なります。
※住民税の「均等割」は、地域によって異なるため考慮していません。

iDeCoに加入して掛金を支払うことで、課税所得が0円になり、税金もかかりません

図表15-2

iDeCo	社会保険料を支払わない働き方の人	社会保険料を支払う働き方の人
月1万円	年収115万円を目指す	年収133万円を目指す
月2万円	年収127万円を目指す	年収145万円を目指す

当する人は社会保険の加入が義務づけられたことです。これらの条件に該当するパートママは、おおよそ月1万5000円程度（年間18万円）の社会保険料を払うことになります。

さて、それでは社会保険料を払って働くパートママが「iDeCo」に加入する場合、どのように働くのがおトクなのかご説明します。この場合も、「iDeCo」に毎月2万円を拠出したものとします。

所得から控除される額は、給与所得控除額55万円、基礎控除額48万円、社会保険料に対する控除額「社会保険料控除額」18万円（目安として設定）、そして「iDeCo」の所得控除額24万円、合計控除額は145万円になります。

このように、年間145万円まで働いて、「iDeCo」に毎月2万円拠出すると、給与所得は非課税のまま、将来もらえる公的年金を増やすことができ、年間24万円の積み立てができ、さらに毎年3万6000円節税になるのです。こちらも実質利回り15％になります。

専業主婦だってトクしちゃいましょう

パートママについてご説明しましたが、「それなら、専業主婦はどうなの？」という声が聞こえてきそうなので、専業主婦のケースについてもご説明します。

これまでご説明してきたように、「iDeCo」は、「拠出時」「運用時」「受取時」のすべての期間において税制優遇があります。

しかし、専業主婦の人やパート収入が100万円以下の人は、そもそも所得税や住民税を納めていないので（自治体によって異なる場合があります）、節税もできません。つまり、伝家の宝刀である「所得控除」が使えないということです。

それでは、「iDeCo」に加入するメリットは何もないのかというと、そうでもないのです。まだ「運用時」と「受取時」の税制優遇があります。

（1）運用時の税制優遇

通常の課税口座の場合、運用収益に対して、20.315%（復興特別所得税含む）が課税されます。しかし、「iDeCo」の運用益は、掛金を拠出している間、ずっと非課税です。ということは、長期間複利で運用できるってことです。しかも投資総額に制限もありません。

さらに、おトクなことに「iDeCo」で選べる投資信託の手数料（信託報酬）は、かなり割安になっているのです。信託報酬とは、投資信託を保有している間、ずっと支払う手数料です。

これって大きなメリットですよね。

(2)受取時の税制優遇

「iDeCo」なら、「退職所得控除」と「公的年金等控除」という税制優遇を使うことができます。

例えば、「iDeCo」に毎月2万3000円を拠出し、2%の1年複利で運用した場合、30年後の拠出額合計(元金)は828万円、運用益(非課税)を含めた総資産額は1120万円になります。これを一時金で受け取る場合、「退職所得控除」が使えるため、全額非課税で受け取ることができます。

(1120万円(一時金)-1500万円(退職所得控除))×2分の1=0

専業主婦といえども、この先、夫との死別・離別など何があるかわかりませんので、自分の年金をつくっておくことはとっても大事なことです。そのための仕組みとして、「iDeCo」はメリットが大きいといえます。

ところで、「いくらかでもパート収入があれば『iDeCo』の掛金を払うことができるけど、私は無職だから払うお金なんてないわ!」という人もいますよね。でも大丈夫、その場合は、さらにかしこく税制を使っちゃいましょう。

例えば夫から「iDeCo」の掛金相当の額を贈与してもらうのです。贈与税は、個人から財産をもらった時にかかる税金です。贈与税は、1人の人が1月1日から12月31日までの1年間にもらった財産の合計額から基礎控除額の110万円を差し引いた残りの額に対してかかります。つまり、1年間にもらった財産の合計額が110万円以下なら贈与税はかからないということです。この制度を使って、夫から掛金分を贈与してもらい、妻が「iDeCo」に加入し、60歳まで非課税で運用し、60歳になった際、非課税で受け取れば、大変コスパの優れた年金づくりができるのです。

ただし、注意してほしいことは、毎年、一定額の贈与を受け続けると、基礎控除額を上回る金額を分割でもらっていたとみなされ（連年贈与といいます）贈与税が課税される恐れがあるため、3年に1回や4年に1回、110万円の範囲でまとめてもらうのがいいでしょう。その場合、夫からもらったことが証明できるように、夫の銀行口座から妻の銀行口座へ振り込んでもらうようにするなどします。

金融機関は選ばないとソンします！

みなさん、「ｉＤｅＣｏ」のメリットは、わかっていただけましたか？　すぐにでも加入手続きをしたくなりましたよね。でも、ちょっと待ってください。加入手続きの前に、しなければいけないことがもう一つあるのです。それは「金融機関選び」です。

「何それ、金融機関なんてどこも同じでしょ？」

そう思いますよね。どこも似たり寄ったりの商品を扱っていますものね。でも、「ｉＤｅＣｏ」は違うのです！　金融機関によって、❶「手数料」、❷「商品ラインアップ」、❸「サービス」が異なるのです。

それでは、❶の「手数料」からみていきましょう。「ｉＤｅＣｏ」は、加入時には「事務手数料」が、運用期間中には「口座管理手数料」が、給付時には「給付手数料」がかかります。

【図表16】のように、「事務手数料」と「給付手数料」については、どの金融機関（運営管理機関）もほとんど差がありません。しかも一時的なコストなので、大して気にする必要もありません。

注目してほしいのは、運用期間中ずっとかかる「口座管理手数料」です。この継続的なコストが、口座を開く金融機関（運営管理機関）によって大きく異なるのです。年間２０００円のところもあれば、７５００円のところもあり、その差は５５００円にもなります。この差を甘くみてはいけません。

例えば30歳で「iDeCo」に加入し、60歳まで「口座管理手数料」を払い続けたとすると、「口座管理手数料」の差は累計で16万5000円になります。これは、毎月の掛金が5000円（年間6万円）だったとすると、約3年分（16万円÷6万円）もの掛金が手数料で消えてしまうことになるのです。

みなさんは、スーパーで食品を買う前に、チラシをみて「今日はどこが安いかしら」と調べますよね。「口座管理手数料」も同じです。日ごろのコスト意識を生かして、加入する前にどこがおトクかしっかりチェックしてください。

図表16 「iDeCo」の手数料（税込み）

	国民年金基金連合会	事務委託先金融機関	金融機関（運営管理機関）	合計額
（加入時）「事務手数料」初回のみ	2,829円	なし	まれに手数料がかかる機関もある	2,829円
（運用期間中）「口座管理手数料」毎月かかる	105円	66円程度	金融機関で異なる	2,000～7,500円（年間）
（給付時）「給付手数料」1回当たり	なし	440円	なし	440円

おトクな商品ラインアップをチェック！

次のチェックポイントは、❷「商品ラインアップ」です。チェックすることは二つです。一つ目は、おトクな商品がどれだけそろっているかです。「おトクな商品」とは、「信託報酬の低い商品」をいいます。

「iDeCo」では、「定期預金」「保険」「投資信託」の3分野から商品を選べます。このうち、チェックしてほしいのは、投資信託の「信託報酬」というコストです。これによって大きな差が生じるからです。

［図表17］のように、投資信託には、購入時に「購入時手数料」が、運用期間中には「信託報酬」が、換金時には「信託財産留保額」がかかります。「信託報酬」は、運用期間中ずっとかかるコストです。

資産運用の利回りは、コストが決め手といえます。いくら利回りがよくても、コストが高ければ帳消しになってしまうからです。継続的なコストとなる「信託報酬」は、「口座管

図表17　投資信託の主なコスト

購入時	運用期間中	換金時
購入時手数料	運用管理費用（信託報酬）	信託財産留保額
金融機関によって異なる。「iDeCo」では手数料がかからない商品が多い	商品によって異なる。「iDeCo」では比較的低く設定されている	商品によって異なる。「iDeCo」では手数料がかからない商品が多い

理手数料」以上にトータルの運用益に大きな影響を及ぼします。ですから、「おトクな商品」がそろっているかどうかをチェックしてほしいのです。

二つ目のチェックポイントは、品ぞろえの豊富さです。投資信託は、国債を中心に投資するものから、新興国の株式に投資するもの、株式や債券など幅広い資産にバランスよく分散投資するものなど、いろいろあります。取扱商品が豊富でないと、自分に合ったものが選べません。特にチェックしてほしいのは、通貨、地域、資産など、幅広く分散投資している投資信託があるかどうかです。なぜなら、投資対象の分散は、リスクを軽減するうえでとても重要だからです。

「私は投資に興味がないから定期預金で十分」と思っている人も、将来、運用益が非課税になるメリットを使いたくなるかもしれません。金融機関（運営管理機関）を変更することはできますが、全商品をいったん売却する必要があるなど、さまざまなコストと時間がかかる恐れがあります。その時に後悔しないように、金融機関を選ぶ際には、商品ラインアップもしっかりチェックしておきましょう。

サービスのよさって大事なんです！

さて、金融機関を選ぶ際のポイントをいろいろみてきましたが、最後にもう一つチェックしてほしい点があります。それは金融機関のサービスです。これってけっこう大切なことなのです。

例えば、「ｉＤｅＣｏ」は、制度が複雑で専門的な知識をもった担当者による説明が必要であるにもかかわらず、店舗に相談窓口を設けていない金融機関が多くあります。なぜなら、これまで加入対象者が限られていたこともあって、加入者が少なく、この商品のために担当者を配置できないからです。

また、「ｉＤｅＣｏ」で取り扱っている投資信託は、一般に販売されているものと比較すると、原則、購入時手数料がありません。信託報酬についても、低く設定されているものが多く、推進しても金融機関にあまりメリットがないのです。

では、窓口を置いていない代わりにどうしているのかというと、ホームページで手数料や商品の情報を掲載したり、資料の請求を受け付けたりしています。また、コールセンターを設置して、そこを受付窓口にしたり、問い合わせに答えたりしています。

しかし、利用者としては、制度が複雑ならなおさら、面と向かって相談したいですよね。例えば、りそな銀行では「ご加入後も安心して運用できる！４つのポイント」として、次のような点をあげています。

（りそな銀行の取り組み）

❶ 相談できる…全国の窓口やコールセンターで相談可能

❷ Webサービス…運用状況・運用商品情報の確認が簡単。運用商品の変更もできる

❸ 商品ラインアップ…信託報酬が安く、分散投資しやすい商品がそろう

❹ 手数料…当初2年間の運営管理機関手数料は0円

最後に、簡単なチェックリストをつくりましたので、金融機関のサービスを比較してみてください。

- チェック1 店頭窓口で制度に対する質問や相談、申込みなどができるか □
- チェック2 ホームページで情報公開（商品や手数料など）をしているか □
- チェック3 ホームページの説明がわかりやすいか □
- チェック4 申込み方法は、わかりやすく、簡単か □
- チェック5 コールセンターの対応は親切か □

ズバリこの金融機関がおススメ！

それでは、実際に❶「手数料」、❷「商品ラインアップ」、❸「サービス」の観点から金融機関を比較してみましょう。［図表18］は、２０２１年5月24日時点の「手数料」一覧です。これをみると、楽天証券、ＳＢＩ証券、イオン銀行、大和証券、りそな銀行などの「口座管理手数料」が低いのがわかります。❶の「手数料」の観点からは、これらの金融機関が選ばれそうです。

次は、❷「商品ラインアップ」をみてみましょう。チェックポイントは、「信託報酬」が低い商品がどれだけそろっているか、それと品ぞろえの豊富さでしたね。［図表19-1、19-2］をみてください。

まずは、バランス型投資信託の「信託報酬」で比べてみましょう。これは、コストが低い金融機関を選んで比較したものです。これをみると、ＳＢＩ証券は０・１５４％～０・66％、イオン銀行は０・１５４％～１・０４６％、りそな銀行は０・１７６％～１・１％、楽天証券は０・２０６％～１・29％となっています。

次に品ぞろえですが、楽天証券、ＳＢＩ証券は30以上で、それぞれバランスよくそろえています。りそな銀行は、「信託報酬」が０・１％台～０・３％台の低い商品も厳選してそろえており、ラインアップされている商品数は30近くあります。

図表18　各社の手数料一覧　（2021年5月24日時点）

	口座管理手数料（年間かかる費用）			
	国民年金基金連合会	事務委託先金融機関	運営管理機関	合計
楽天証券	1,260円	792円	0円	2,052円
SBI証券	1,260円	792円	0円	2,052円
三井住友銀行（標準コース）	1,260円	792円	3,120円	5,172円
りそな銀行	1,260円	792円	0円 ※1	2,052円
みずほ銀行	1,260円	792円	0円 ※2	2,052円
野村証券	1,260円	792円	0円	2,052円
東京海上日動	1,260円	792円	3,828円	5,880円
三菱UFJ銀行（標準コース）	1,260円	792円	4,620円	6,672円
イオン銀行	1,260円	792円	0円	2,052円
ゆうちょ銀行	1,260円	792円	3,108円	5,160円
大和証券	1,260円	792円	0円	2,052円

※1
3年目以降3,204円（りそな銀行のiDeCoに申込可能な受付金融機関より引き落としの場合）または3,864円（上記以外の場合）。ただし、iDeCo＋など、給料天引きの場合は0円。

※2
所定の条件を満たさない場合は3,120円。

❷の「商品ラインアップ」の観点からは、楽天証券、SBI証券、りそな銀行が選ばれそうです。

最後に❸の「サービス」の観点からみてみましょう。サービス面では、りそな銀行がピカイチといえます。りそな銀行では、全国の窓口で制度説明や加入相談、申込みの受付けまで対応してくれます。

総合的にみて、ズバリおススメするのは、楽天証券、SBI証券、りそな銀行。次点にイオン銀行でしょう。これら四つのなかから選んでおけば間違いないでしょう。

図表19-1　各社の商品ラインアップ　（2021年5月24日時点）

	元本確保型	投資信託									商品数
		国内株式型	国内債券型	先進国株式型	新興国株式型	先進国債券型	新興国債券型	REIT型	バランス型	その他	
りそな銀行	2	3	2	3	1	4	1	4	11	1	32
楽天証券	1	6	2	6	1	3	1	3	8	1	32
SBI証券（セレクトプラン）	1	6	1	13	2	3	1	2	7	1	37
三菱UFJ銀行（標準コース）	7	3	2	2	1	1	0	1	15	0	32
みずほ銀行	1	3	1	7	1	2	0	2	13	0	30
三井住友銀行（標準コース）	2	4	1	6	1	1	1	1	11	1	29
野村証券	1	6	1	5	1	2	1	2	13	0	32
東京海上日動	1	4	2	4	4	2	1	2	7	0	27
イオン銀行	1	3	2	4	1	2	1	2	8	1	25
ゆうちょ銀行	8	4	2	3	0	2	0	2	13	0	34
大和証券	1	4	2	4	4	2	0	2	3	0	22

運営管理費用（信託報酬）は年率・税込みで表示　※ファンド・オブ・ファンズの場合は実質的負担率を表示　（2021年5月24日時点）

金融機関	運用スタイル	商品名	運営管理費用（信託報酬）
りそな銀行	パッシブ	Smart-i 8資産バランス 安定型	0.1760%
	パッシブ	Smart-i 8資産バランス 安定成長型	0.1980%
	パッシブ	Smart-i 8資産バランス 成長型	0.2200%
	パッシブ	りそなターゲット・イヤー・ファンド 2030	0.2750%
	パッシブ	りそなターゲット・イヤー・ファンド 2035	0.3300%
	パッシブ	りそなターゲット・イヤー・ファンド 2040	0.3300%
	パッシブ	りそなターゲット・イヤー・ファンド 2045	0.3850%
	パッシブ	りそなターゲット・イヤー・ファンド 2050	0.3850%
	パッシブ	りそなターゲット・イヤー・ファンド 2055	0.4400%
	パッシブ	りそなターゲット・イヤー・ファンド 2060	0.4400%
	アクティブ	DCダイナミック・アロケーション・ファンド	1.1000%
イオン銀行	パッシブ	マイバランス30（確定拠出年金向け）	0.1540%
	パッシブ	マイバランス50（確定拠出年金向け）	0.1540%
	パッシブ	マイバランス70（確定拠出年金向け）	0.1540%
	パッシブ	たわらノーロード バランス（8資産均等型）	0.1540%
	アクティブ	投資のソムリエ（ターゲット・イヤー2035）	0.8250%
	アクティブ	投資のソムリエ（ターゲット・イヤー2045）	0.9130%
	アクティブ	投資のソムリエ（ターゲット・イヤー2055）	0.9130%
	アクティブ	イオン・バランス戦略ファンド（愛称：みらいパレット）	1.0460%

図表19-2　バランス型投資信託の信託報酬比較

金融機関	運用スタイル	商品名	運営管理費用（信託報酬）
楽天証券	パッシブ	楽天・インデックス・バランス（DC年金）	0.2060%
	パッシブ	セゾン・バンガード・グローバルバランスファンド	0.5700%
	アクティブ	楽天ターゲットイヤー2030	0.8575%
	アクティブ	楽天ターゲットイヤー2040	0.8675%
	アクティブ	楽天ターゲットイヤー2050	0.8675%
	アクティブ	三菱UFJ DCバランス・イノベーション（KAKUSHIN）	0.6600%
	アクティブ	三井住友・DC世界バランスファンド（動的配分型）	1.2920%
	アクティブ	投資のソムリエ＜DC年金＞	1.2100%
SBI証券（セレクトプラン）	パッシブ	eMAXIS Slimバランス（8資産均等型）	0.1540%
	パッシブ	iFree年金バランス	0.1749%
	パッシブ	SBIグローバル・バランス・ファンド	0.2799%
	パッシブ	セゾン・バンガード・グローバルバランスファンド	0.5700%
	アクティブ	SBI-セレブライフ・ストーリー2025	0.6604%
	アクティブ	SBI-セレブライフ・ストーリー2035	0.6590%
	アクティブ	SBI-セレブライフ・ストーリー2045	0.6599%
大和証券	アクティブ	DCダイワ・ワールドアセット（六つの羽／安定コース）	0.9900%
	アクティブ	DCダイワ・ワールドアセット（六つの羽／6分散コース）	1.1550%
	アクティブ	DCダイワ・ワールドアセット（六つの羽／成長コース）	1.3200%

定期預金はこみこみで何%になるのか？

ではあなたが、「ｉＤｅＣｏ」を利用して「定期預金」をする場合と利用しない場合では、どのくらいの差が出るのでしょうか。「ｉＤｅＣｏ」は「事務手数料」や「口座管理手数料」がかかりますので、このコストを含めて厳密に比較してみましょう。

ここでは、ため上手のリッチ女子とため下手のジリ貧女子に登場してもらいます。彼女たちは、月2万円、定期預金に20年間、利率０・００２％で積み立てたとします。2人とも積み立てた金額の合計は４８０万円。違う点は、リッチ女子は「ｉＤｅＣｏ」の定期預金ですが、ジリ貧女子は普通の定期預金です。［図表20］をみてください。

「ｉＤｅＣｏ」を利用しないで積み立てたジリ貧女子の、20年後の利息合計は７６１円。一方、リッチ女子は、運用期間中非課税なので、20年後の利息合計は９５６円です。２００円ほど多くもらえます。「たった２００円」と思いましたか？　たしかに利息については、いくら非課税だといっても、金利０・００２％ですから、そんなに差はつきません。でも、ここからが「ｉＤｅＣｏ」の腕の見せどころなんです！

リッチ女子の所得税・住民税の税率合計が20％だとすると、毎年、４万８０００円の節税効果が得られます。20年間では96万円になります。

ただし、先ほどご説明しているように「ｉＤｅＣｏ」は、加入時に「事務手数料」

2829円が、加入後は毎年「口座管理手数料」がかかります。仮に口座管理手数料をかなり高めの6000円だとした場合、20年間の費用合計は12万2829円になります。このコストを差し引くとどうなるでしょうか。

結論は、それでも「iDeCo」を利用して定期預金をしたほうが、20年間で約84万円もおトクになりました。トータル利回りでいうと実質利回り17・4%！　普通の定期預金が、金利0・002%で、しかも利息に対して20・315%の税金を差し引かれることを考えると、これってすごい差だと思いませんか？

今、どこかの金融機関で、スズメの涙の利息をもらって定期預金をしているあなた！　すぐに「iDeCo」に切り替えて、定期預金を安全・確実・高利回りに大変身させちゃいましょう！

図表20　定期預金を「iDeCo」で運用した場合の効果

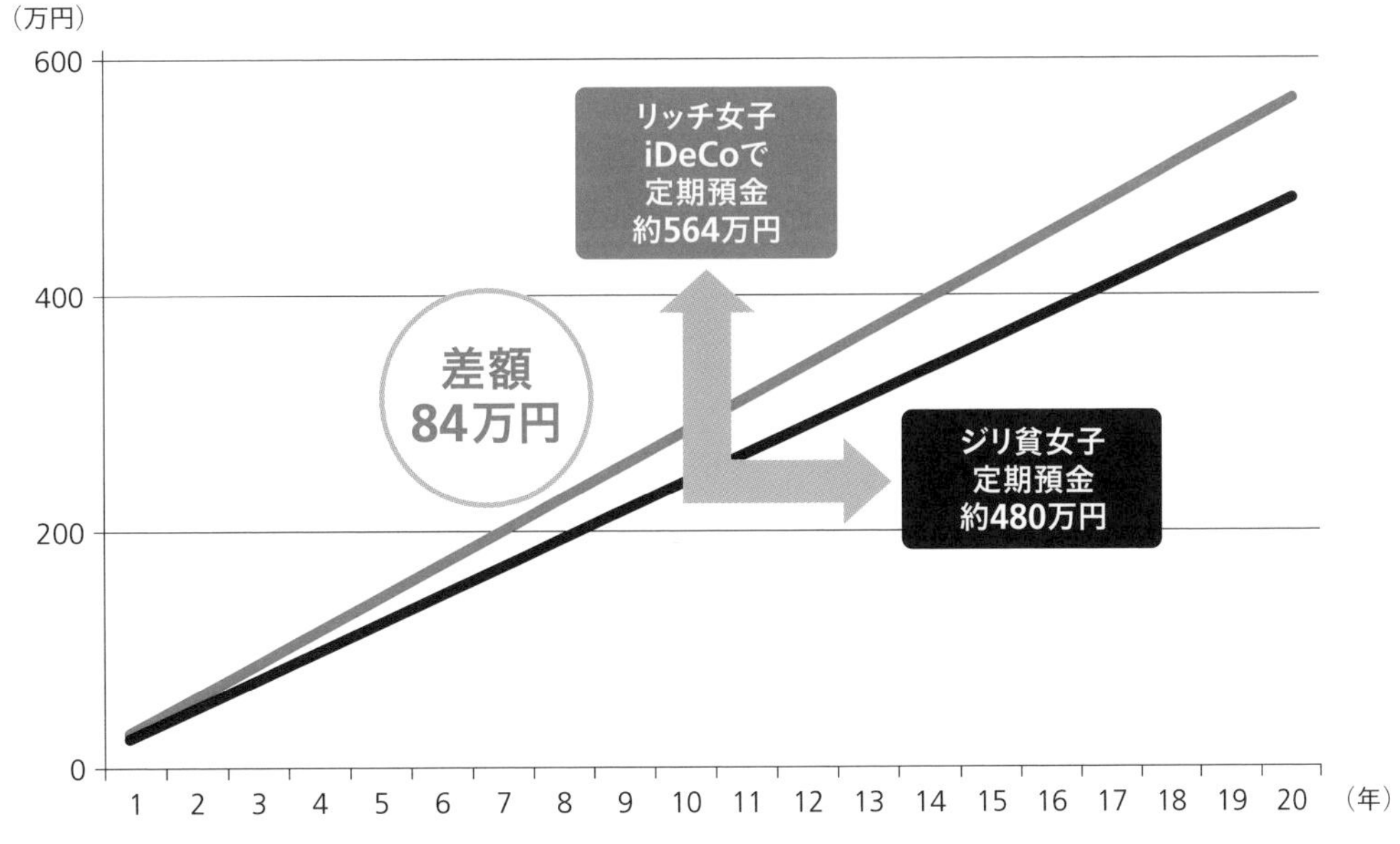

付録
よくある疑問

Q　家計が苦しくなった時、「iDeCo」の掛金を変更できますか。

A　できます。

人生は、いつ転機が訪れるかわかりません。「会社の業績が悪くなって給料がダウンしてしまった」「これから子どもに教育費がかかる」「予想外に高い住宅を買ってしまってローンが大変になった」ということは誰にでも起こり得るものです。

このような場合は、毎月2万円の掛金でも厳しいかもしれません。そのような時は、ライフプランに応じて掛金を変更しましょう。掛金は、申込時の金額をずっと払わなければいけないということではないのです。

金額の変更は、1年（4月から翌年の3月までの間）に1回することができます。家計が苦しくなった時は金額を減らし、家計に余裕ができた時には金額を増やす、という具合に状況に応じて変更しましょう。無理なく続けることが大切です。

また、これは最終手段ですが、どうしても家計が厳しいという場合には、一時的に掛金をストップするという方法もあります。その際は、金融機関に「加入者資格喪失届」を提出します。

ただし、将来年金を「一時金」としてもらう場合は注意が必要です。なぜなら、掛金を払っていない期間は、「退職所得控除」の該当年数にカウントされないからです。基本的には、掛金を減らしてでも続けたほうがいいといえます。しかし、どうしても掛金を払えない期間が生じた時には、一時的に掛金をストップするという方法があることだけは知っておいてください。

Q　「iDeCo」は、個別の株式や債券で運用できないのですか？

A　できません。

確定拠出年金の制度を定めた法律には、個別の株式や債券も運用商品として選定してもいいと書いてあります。しかし、現実には個別の株式や債券に投資することはできません。

理由は「売買単位」にあります。確定拠出年金では、自分の判断で掛金をさまざまな金融商品の購入に振り分けますが、その際、「金額」で振り分けるのではなく、「割合」で振り分けるようになっています。

例えば、掛金が1万円だとします。投資信託の国内株式型と国内債券型に半分ずつ入れたいと思ったら、５０００円ずつという金額ではなく、50%ずつという比率で指定します。この比率は１%単位で指定することができます。ということは、国内株式型に１%だけ配分することも可能で、その場合１００円という金額になります。

現在、こういう仕組みが可能なのは預貯金、保険、投資信託などだけで、個別の株式や債券はできません。

Q　転職先に「企業型DC」がないのですが、今まで「企業型DC」で積み立てたお金はどうなるのですか？

A　年金資産をiDeCoに転換して運用を続けることができます。

例えば、「企業型DCに加入していた人が会社を辞めて、企業型DCのない会社に転職した場合」や「企業型DCに加入していた人が会社を辞めて独立した場合」は、「iDeCo」に加入しましょう。これまでに積み立てた年金資産も移換できます。

また、「iDeCo」に加入していた人が「企業型DC」に移った場合も、これまでの積み立てた年金資産を移換することもできます。そして、うれしいことに、「企業型DC」から「iDeCo」へ、あるいは「iDeCo」から「企業型DC」へ積立金を移換する場合には税金がかかりません。

ただし、注意してほしいことがあります。それは、「企業型DC」の移換手続きは「企業型DC」の資格を喪失してから6カ月以内に行う必要があることです。移換手続きをしないと、年金資産は自動的にその時点の市場価格で売却・換金され、「国民年金基金連合会」へ移換・保管されることになります。

「国民年金基金連合会」で保管されている間は、現金がただ置いてある状態ですから、運用ができず利息もつきません。しかも、最悪なことに保管手数料はかかるので、毎年手数料が差し引かれます。さらに、「国民年金基金連合会」に保管されている間は、年金の加入期間とみなされないため、場合によっては60歳になっても現金が受け取れないことがあります。

こういった問題があるので、「企業型DC」の資格を喪失したら、6カ月以内に必ず移換手続きをするようにしてください。

ただし、例外として、積立金が少ない場合など、いくつかの条件が満たされると、退職した時点で現金で受け取ることができる場合があります。また、他の企業型DCやiDeCoに加入した場合にその口座に資産を移換してくれる場合もあります。とはいえ、転職などの際は、早めにコールセンターへ連絡して確認してください。

Q　現在「iDeCo」に加入していますが、民間企業に就職した場合はどうなりますか?

A　まずは、その企業の企業年金制度を確認してください。

「iDeCo」に加入している自営業者や学生などの人（第1号被保険者）や専業主婦（夫）の人（第3号被保険者）が、民間企業に就職した（第2号被保険者となった）場合、次のようになります。

❶ その企業に企業年金制度（「確定給付型企業年金」（DB）や「企業型DC」）がある場合、「iDeCo」のほか、これらの企業年金にも加入できる可能性があります［38ページの**図表5**参照］。

❷ その企業に企業年金制度がない場合、現状通り、「iDeCo」に加入でき、月額2万3000円まで拠出できます。

なお、公務員になった場合は、「iDeCo」に加入でき、月額1万2000円まで拠出できます。

Q　金融機関（運営管理機関）**を後から変更できますか？**

A　金融機関（運営管理機関）**の変更は可能ですが、一度、年金資産をすべて売却または解約して現金化する必要があります。**

新しく変更する金融機関（運営管理機関）に「運営管理機関変更届」を提出すれば変更できます。ただし、金融機関を変更する場合、投資信託、保険や定期預金などで運用している資産を一度現金化して、新しい金融機関に移さなくてはなりません。運用商品によっては、現金化する際に大きなコストがかかることもありますので、好条件の金融機関があったとしても、さまざまなコストを踏まえて判断してください。

また、金融機関の変更に伴って、「個人型記録関連運営管理機関（レコードキーパー）」も変更となることがありますが、届け出てもすぐに新しい金融機関での取引ができない場合がありますので注意してください。なお、この場合、記録の保存、運用の指図の受付け、などの窓口も変わりますのであらかじめ確認しておいてください。

Q 金融機関（運営管理機関）**が破たんしたらどうなるのでしょうか？**

A 年金資産が削減されることはありません。全額保全されます。

「企業型ＤＣ」は「資産管理機関」で、「ｉＤｅＣｏ」は「国民年金基金連合会」で管理されているため、金融機関（運営管理機関）が破たんしても、積み立てた年金資産は全額保全されます。

Q 運用先（保険会社や証券会社）**が破たんしたらどうなりますか？**

A 運用商品の種類ごとに、加入者保護の仕組みがあります。

❶ 預金

「預金保険制度」によって、預金者1人当たり、1金融機関につき元本１０００万円までと、その利息が保護されます。その人が、同一金融機関で通常の定期預金と「ｉＤｅＣｏ」の定期預金をしていた場合、両口座の合計額が対象となります。

❷ 保険商品

生命保険は「生命保険契約者保護機構」、損害保険は「損害保険契約者保護機構」によって、それぞれ「責任準備金の90％」「保険金・満期返戻金・解約返戻金の90％」が補償されます。

❸ 投資信託

投資信託の運用資産は、信託銀行において、その信託銀行自身の資産とは区別して管理されています。さらに、年金資産が円滑に返還されない場合に備えて、日本投資者保護基金（金融商品取引法に基づいて設立されている法人）があり、全証券会社に加入が義務づけられています。

不測の事故の発生などにより、顧客の資産の円滑な返還が困難だと認められた場合、原則として1人当たり１０００万円まで補償されます。

Q　どのような手続きをすれば「所得控除」が受けられるのですか？

A　確定申告か年末調整をすることで、税金が戻ってきます。

毎年10月、「国民年金基金連合会」から「小規模企業共済等掛金払込証明書」が送付されてきます。自営業やフリーランスなどの人（第1号被保険者）や専業主婦（夫）の人（第3号被保険者）は、確定申告の時に証明書を提出します。サラリーマンの人は、勤務先での年末調整の時に証明書を提出します。注意してほしいことは、受け取った証明書を提出して初めて「所得控除」という恩恵が受けられ、翌年の住民税も少なくなるということです。

なお、給与天引きで掛金を納付しているサラリーマンの人は、自動的に会社が手続きをしてくれるので、年末調整の際に控除証明書等を添付する必要はありません。

Q　「iDeCo」はどうやって申し込めばいいのですか？

A　まずは申込書を取り寄せましょう。

金融機関選びのチェックポイントをよく読んで金融機関（運営管理機関）を選んだら、早速資料を請求します。金融機関のホームページで必要事項を入力するか、コールセンターに電話して資料を送付してもらいます。

資料が送られてきたら、記載内容を確認して申込書類を返送しましょう。なお、金融機関からは、申込書以外に「個人型確定拠出年金（iDeCo）ガイドブック」「運用商品内容資料」などが送られてきますので、どんな運用商品があるのか、手数料はいくらかかるのかなど、しっかり確認しましょう。ただし、制度概要や資産運用の知識についての記述は、難しいことが多いので、そのあたりは本書でサクッとマスターしてください。

さて、申込書を返送したら、国民年金基金連合会による加入審査があり、それが承認されると「個人型年金加入確認通知書」が届きます。自営業・フリーランス、専業主婦（夫）の人はこれで手続き完了。毎月指定された日に自分の銀行口座から掛金が自動的に引き落とされて、選択した金融商品が購入されます。ちなみに商品を選択しなければ、自動的に各金融機関の「指定運用方法」に指定されている商品が買い付けられます。

ＯＬなど会社員や公務員は、申込必要書類に「事業所登録申請書兼第2号加入者に係る事業主の証明書」を同封する必要があるので、会社の人事部または総務部に提出して、記入・押印してもらいましょう。

なお、掛金の支払い方法は、給与天引きで会社から納付してもらうか、個人払い（自分の銀行口座から引き落とし）のどちらかを選べます。個人払いにする場合は、申込書の「掛金の納付方法」で「個人払込み」を選び「口座振替依頼書」を添付します。

超低金利時代でも、かしこくお金を増やす方法はあるのです。ぜひ、みなさんも「ｉＤｅＣｏ」という税制優遇のボスキャラ商品を活用しちゃいましょう！

第3章

つみたてNISAの
いただき方

虎の子は非課税で育てましょう！

銀行にお金を預けたら利息がつきます。ところが、２０１６年、日本銀行が景気刺激策として導入したマイナス金利の影響で、私たちの預金金利は、超がつくほどの低金利に！　今や、銀行の定期預金金利は、０・００２％程度になってしまいました。

これでは１００万円を1年間預けても、20円しか利息がつかない計算になります。でも、現実はもっと厳しいのです。預金の利息に対して、所得税（復興特別所得税込み）と住民税が源泉徴収されるからです。この税率は、なんと20・３１５％。残念ながら、マイナス金利でも、税金は安くなりません。

せっかく虎の子の１００万円を預けても、税引き後の利息は16円たらず。ミネラルウオーターすら買うことができないのです。結婚資金なんて、夢のまた夢に遠のいてしまいそうです。でも安心してください。ここにも税制優遇措置があります。それが「ＮＩＳＡ」（ニーサ）です。ＮＩＳＡとは、２０１４年1月から始まった「少額投資非課税制度」の愛称です。うまく制度を使えば、運用して得られた利益がまるまる非課税になるので、とってもおトク！　どれくらいおトクなのか、ちょっとイメージしてみましょう。

今、あなたは10万円を手にしています。神様から「あなたはＮＩＳＡを利用していいますか？」と聞かれて、「はい」と答えたら、10万円はそのまま。でも、「いいえ」と答えたら、手中の10万円は、一瞬のうちに7万9685円に減ってしまいます。

さて、差額の2万315円あれば、何ができるでしょうか？ 高級フレンチのディナーでグラン・シャトークラスのワインをオーダーできるし、老舗旅館で美食とお風呂を堪能する一泊二日の温泉旅行だって行けちゃいます。

これがNISAの効果だと思ってください。NISAを使えば、まるまるもらえますが、使わなければ2割引き［**図表1**参照］。さて、あなたはどちらを選びますか？ もう答えは決まっていますよね。

図表1　**運用益非課税のイメージ**

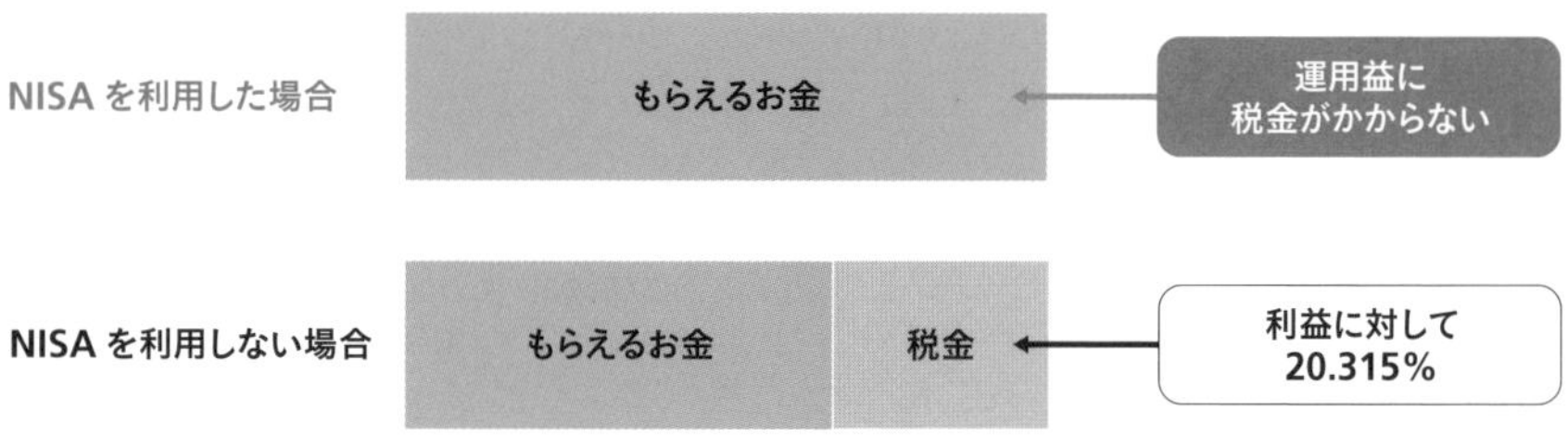

私には880万円まで権利がある？

NISAには「一般NISA」「つみたてNISA」「ジュニアNISA」の3種類があります。3つのなかで、パートママでも使える堅実な仕組みはズバリ「つみたてNISA」です。少額でスタートでき、非課税の効果も長く受け取ることができます。本書では以下、つみたてNISAをメインに紹介していきます。

つみたてNISAを使うといくらまで非課税にできるのでしょうか。［図表2］をみてください。

まず、投資（買付け）できる上限額は、年間40万円まで。非課税適用期間は、最長20年です。新規に投資できる期間は、法改正後2042年まで。2021年から投資する場合、最長で2042年までの22年間、最大880万円の投資に対する利益が非課税にできちゃいます。これを、毎年、3%で運用できたとしたら、20年後の利益は、約292万円になる計算です。非課税のつみたてNISA口座なら、292万円がまるまる手に入りますが、通常の課税口座（特定口座や一般口座）だと、292万円に対して20・315%が課税され、59万3607円が差し引かれてしまいます。こんなに、NISAの非課税メリットって大きいのです。

図表2　つみたてNISAの非課税投資総額（イメージ）

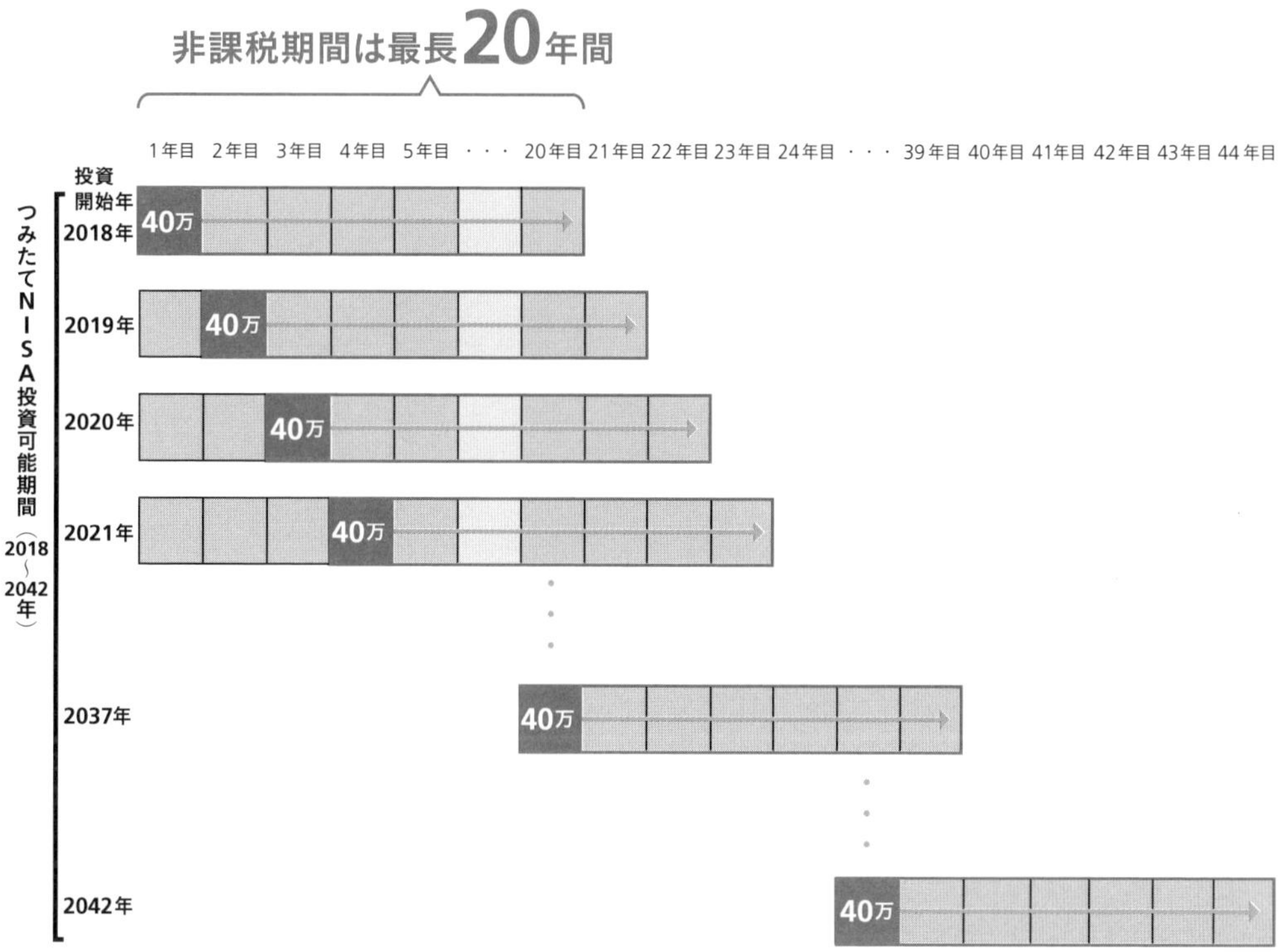

ドキッ！　何もしなければお金は減る？

資産運用を行う上で考えないといけないのが「インフレ（物価上昇）」対策です。総務省が公表している「消費者物価指数」によれば、日本は毎月０・２〜０・６％で少しずつ物価上昇していきます。これは、０・２〜０・６％以上で資産運用していかないと、お金の価値が減ることを意味しています。わかりやすい例えでいえば、物価が１％上昇し続けたら、５年後、１００万円で買えたものは約１０５万円になる計算です。つまり、１００万円をタンス預金や預貯金で放っておいたら、お金の価値が５万円分目減りしてしまうということです。何かしら手を打たないわけにはいきません。こうしたなか、一躍脚光を浴びているのがつみたてＮＩＳＡです。

つみたてＮＩＳＡの仕組みについては【図表３】をみてください。投資対象商品は、金融庁が定めた基準を満たした投資信託やＥＴＦです【図表４参照】。預貯金や保険、国債や地方債、公社債投資信託、株などは投資対象外です。

図表3　つみたてNISAの仕組み

口座開設	日本に住んでいる20歳※以上の人
開設口座数	1人1口座のみ開設できる
投資対象商品	金融庁が定めた基準を満たした投資信託やETF
非課税対象	売却益、分配金
投資（買付）上限額	年間40万円
非課税適用期間	各年の投資額に対して最長20年
非課税投資総額	法改正後は1000万円 （2021年から始めた場合は880万円）
途中売却	自由に売却できるが、年間の投資枠は復活しない

※ 2023年からは18歳。

「ちょっと待って！　安全性の高い商品が対象外ということは、リスクが大きいってこと？　それじゃあ、せっかく非課税で運用しても、結局ソンしちゃうかもしれないじゃない……」

たしかに、投資信託は投資ですから安全確実とはいきません。しかし、投資＝リスクが大きいともいえないのです。なぜなら、つみたてＮＩＳＡで買える投資信託は、値動きの大きい株式だけに投資するわけではないからです。つみたてＮＩＳＡの投資信託には、株式を中心に投資するものや、株式や債券など幅広い資産にバランスよく分散投資するものなどいろいろあり、自分に合ったリターンとリスクの商品を選ぶことができるのです。

そもそも、ＮＩＳＡの強みは、資産運用によって得られた売却益や配当金、分配金が非課税になることです。見方を変えれば、ある程度の利益が出なければ強みを発揮できないということです。いわゆる「宝の持ち腐れ」ですね。こうした理由もあって、つみたてＮＩＳＡの投資対象商品は、公募株式投資信託やＥＴＦとなっているのです。

ところで、リスクというと危険性だと思う人が多いようですが、実は、投資の世界では収益率のブレ幅のことをいいます。例えば、リターン３％、リスク５％の商品があるとしたら、プラス・マイナス５％の間でブレる可能性があるという意味です。うまくいけば８％（３％＋５％）になりますが、下手すると−２％（３％−５％）になるかもしれない商品ということです。

図表4　つみたてNISAで投資できる商品

投資対象	投資対象外
金融庁が定めた基準を満たした投資信託やETF ・販売手数料無料（ノーロード） ・信託報酬が一定以下（投資先により0.25%～1.5%以下） ・難しい手法を利用していない　など	・預貯金　・保険 ・未上場株式　・社債 ・個人向け国債　・公社債 ・公社債投資信託 ・上場株式 など

キープ君をたくさんつくる？

さて、前述のリスクですが、やり方によっては、ある程度軽減することができるのです。それでは、その方法をご説明します。

実は、ＮＩＳＡには適した投資方法というものがあります。その前に、ＮＩＳＡのメリットとデメリットを整理してみましょう。ＮＩＳＡは、利益が出れば非課税になるという大きなメリットがありますが、その一方で、損失が出たらデメリットがあります。それは、従来の課税口座ならできた、「損益通算」（ソンともうけを差し引き計算すること［図表5参照］）と「繰越控除」（損益通算しても損失が残った場合、翌年以降、3年間にわたって繰越控除すること）ができないということです。

こうしたＮＩＳＡのメリット・デメリットを考えてみると、ＮＩＳＡは一時期にまとまった資金を投資して、短期的に売買する「短期投資」には向いていないことがわかります。また、価格変動の激しい（ブレ幅の大きい）商品への投資にも向いていません。

では、どういう投資方法がＮＩＳＡに向いているのかというと、その1はさっきの逆、つまり投資対象を徹底的に分散すること、つまり「資産分散」です。投資対象の分散は、リスクを軽減するための基本でもあります。

学生時代、「本命の彼氏と別れた時のために、キープ君をつくっておくのよ」といって、何人もの彼氏と同時にお付き合いしていた友人がいましたが、これも一つの分散投資かもしれませんね。

さて、話を戻します。資産を分散すると、なぜリスク軽減の効果が期待できるのかお話しします。時系列的に、マーケットを分析してみると二つのことがわかります。一つは、ある年は日本株式、ある年は外国株式、ある年は新興国債券といった具合に、年によって値上がりしている国、資産がバラバラなことです。もう一つは、どこかの地域が下落したとしても、どこかの地域が上昇し、その結果、長期的にみると、世界全体では少しずつ成長していることです。

つまり、「いつ何が値上がりするのかはわからないけれど、長期的観点でみると、世界全体では少しずつ値上がりしている」ということは、バランスよく、資産を分散すればいいということになります。分散投資がリスク軽減につながる理由がここにあるのです。

そうはいっても、通貨、地域、資産などの分散を自分で行うのは現実的ではありません。そこで「投資信託」を使います。「投資信託」とは、投資家たちから集めたお金を、ファンドマネージャーという運用のプロが、設定したリターンとリスクになるように、国内外の株式や債券などで幅広く運用し、そこから出た利益を投資家に還元してくれる金融商品です［図表6参照］。ファンドマネージャーが行う高度な資産運用を「信じて資金を託す」から投資信託といいます。

NISAに向いている投資方法その2は、いわゆる高値づかみをしないように、投資時期を分散すること、つまり「時間分散」です。

図表5　**損益通算のイメージ**

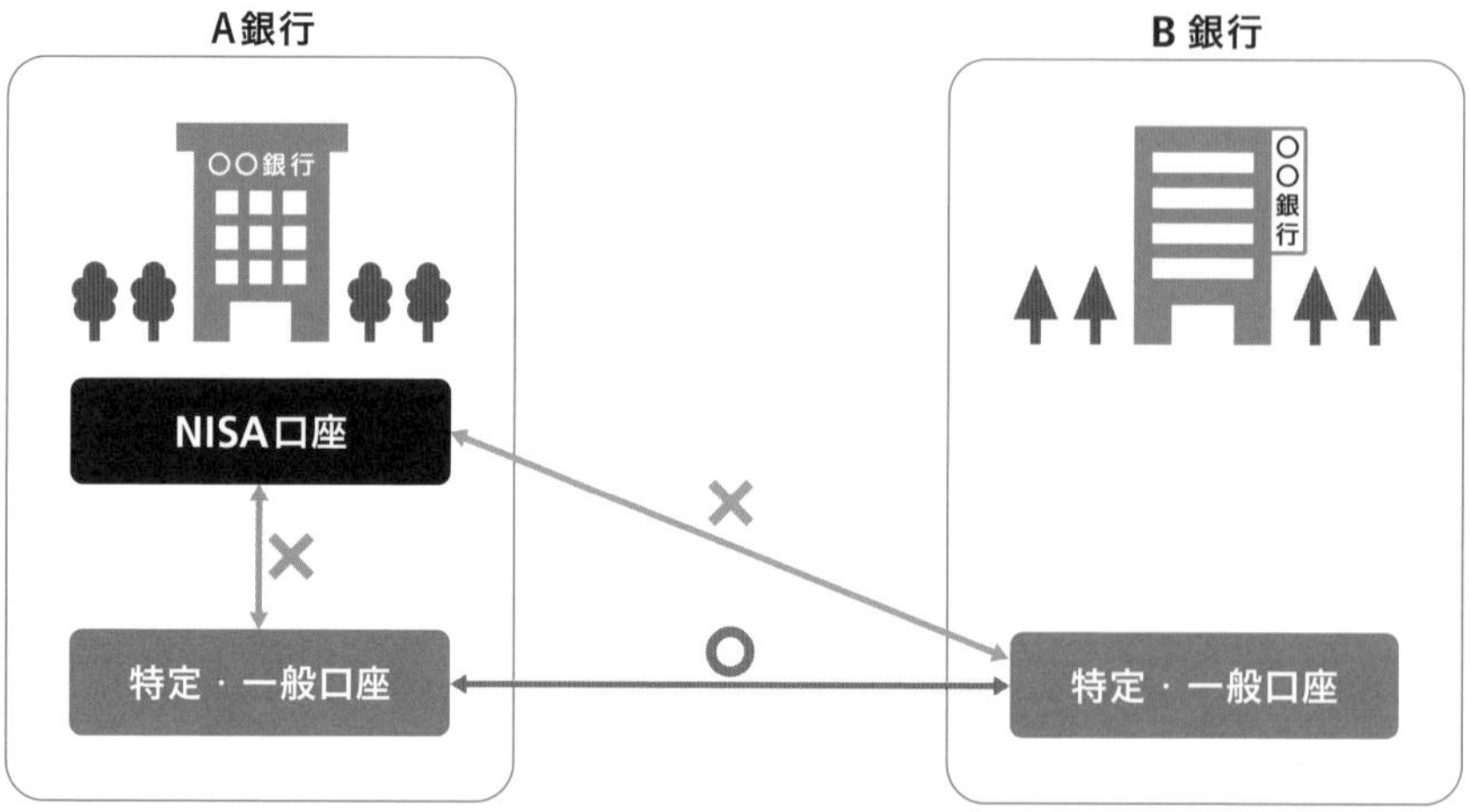

NISA口座と他の口座では損益通算できない

図表6　**投資信託の仕組み**（イメージ）

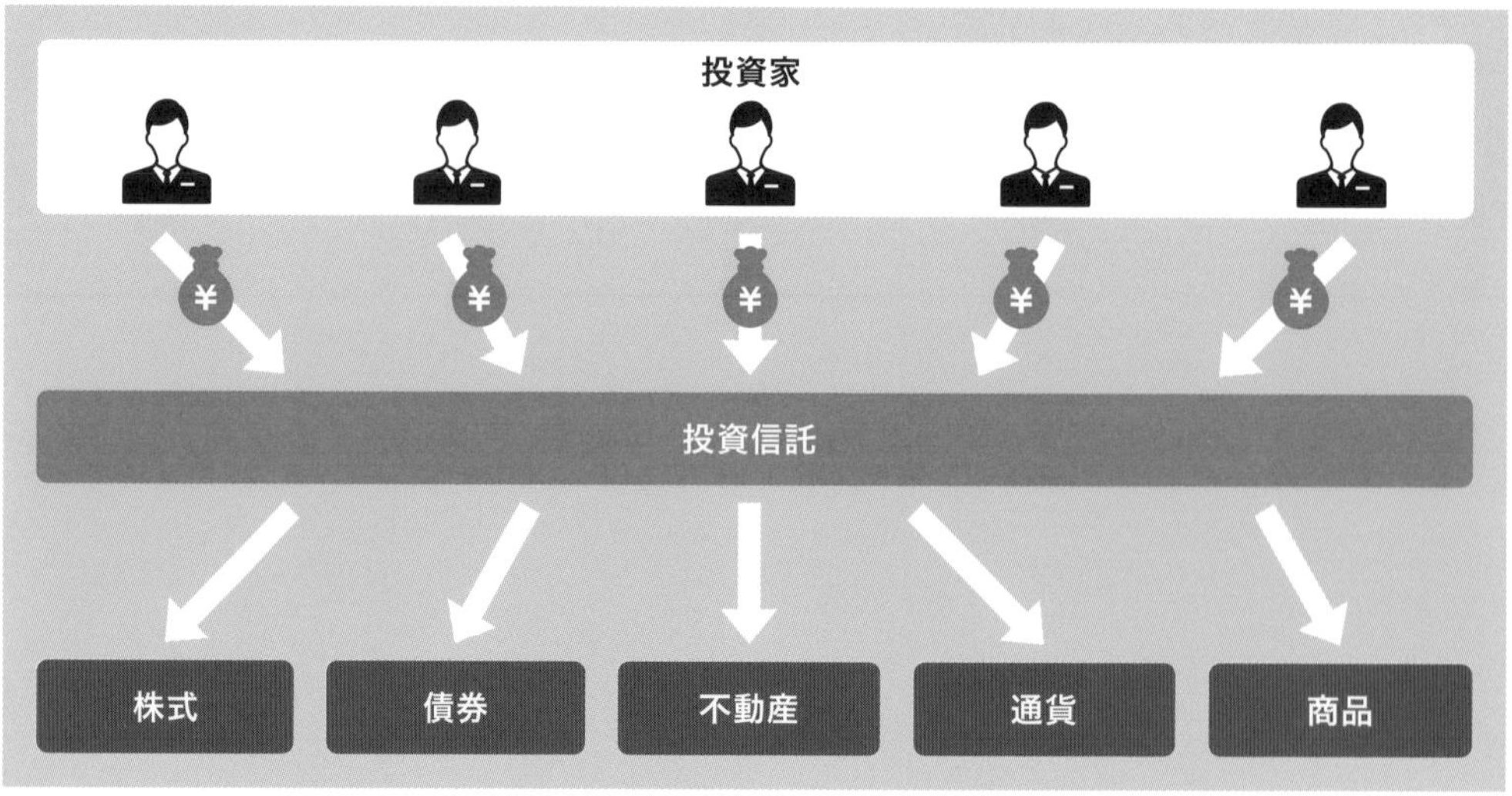

投資家からのお金をまとめて投資信託にして、さまざまな投資先に投資する

安値で買える方法もあるんです

定額購入した場合を事例で検証してみましょう。定額購入とは、一定間隔で、一定金額購入し続けることをいいます。

投資の鉄則は、いかに安い時に買うかです。しかし、現実には、下がり始めると「もっと下がるのではないか」と怖くなってなかなか買えません。しかし定額購入なら、自動的に買い付けるため、安値でたくさん買い、高値で少しだけ買うことができます。その結果、平均的な購入価額を抑えることが期待できるのです。これを投資の世界では「ドル・コスト平均法」といいます。

それでは事例をみてください。つみたてＮＩＳＡ口座は、年間40万円まで投資できますが、ここでは毎月３万円ずつ、投資信託を定額購入したとします［図表7］。年間の投資額は36万円です。当初の基準価額は1万円（1万口）とします。このケースでは、毎月１０００円ずつ基準価額が下落していき、８カ月目に底を打ち、そこから１０００円ずつ上がっていきました。この場合、12カ月目までの購入口数合計は、65万６５４８口です。資産にすると45万９５８３円（65万６５４８口×７０００円÷1万円（基準価額））となり、投資金額の約１２７％という結果になりました。

次に［図表8］をみてください。今度は、毎月１０００円ずつ基準価額が上がっていき、８カ月目に頭を打ち、そこから１０００円ずつ下がっていった場合です。こっちのほうがいい

図表7　基準価額が1000円ずつ下がって、また上がったケース（小数点以下切り捨て）　（単位：円、口）

月数	1カ月目	2カ月目	3カ月目	4カ月目	5カ月目	6カ月目	7カ月目	8カ月目	9カ月目	10カ月目	11カ月目	12カ月目	合計
基準価額	10,000	9,000	8,000	7,000	6,000	5,000	4,000	3,000	4,000	5,000	6,000	7,000	
購入口数	30,000	33,333	37,500	42,857	50,000	60,000	75,000	100,000	75,000	60,000	50,000	42,857	656,548
購入代金	30,000	30,000	30,000	30,000	30,000	30,000	30,000	30,000	30,000	30,000	30,000	30,000	360,000

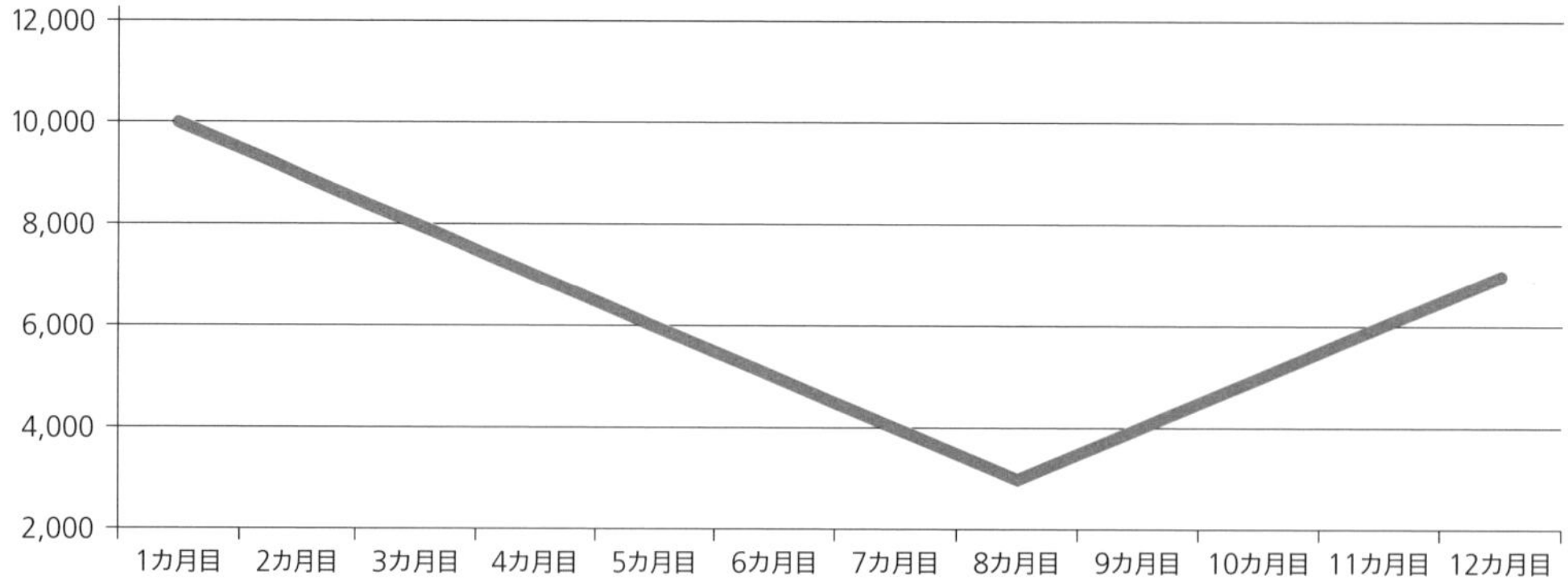

図表8　基準価額が1000円ずつ上がって、また下がったケース（小数点以下切り捨て）　（単位：円、口）

月数	1カ月目	2カ月目	3カ月目	4カ月目	5カ月目	6カ月目	7カ月目	8カ月目	9カ月目	10カ月目	11カ月目	12カ月目	合計
基準価額	10,000	11,000	12,000	13,000	14,000	15,000	16,000	17,000	16,000	15,000	14,000	13,000	
購入口数	30,000	27,273	25,000	23,077	21,429	20,000	18,750	17,647	18,750	20,000	21,429	23,077	266,431
購入代金	30,000	30,000	30,000	30,000	30,000	30,000	30,000	30,000	30,000	30,000	30,000	30,000	360,000

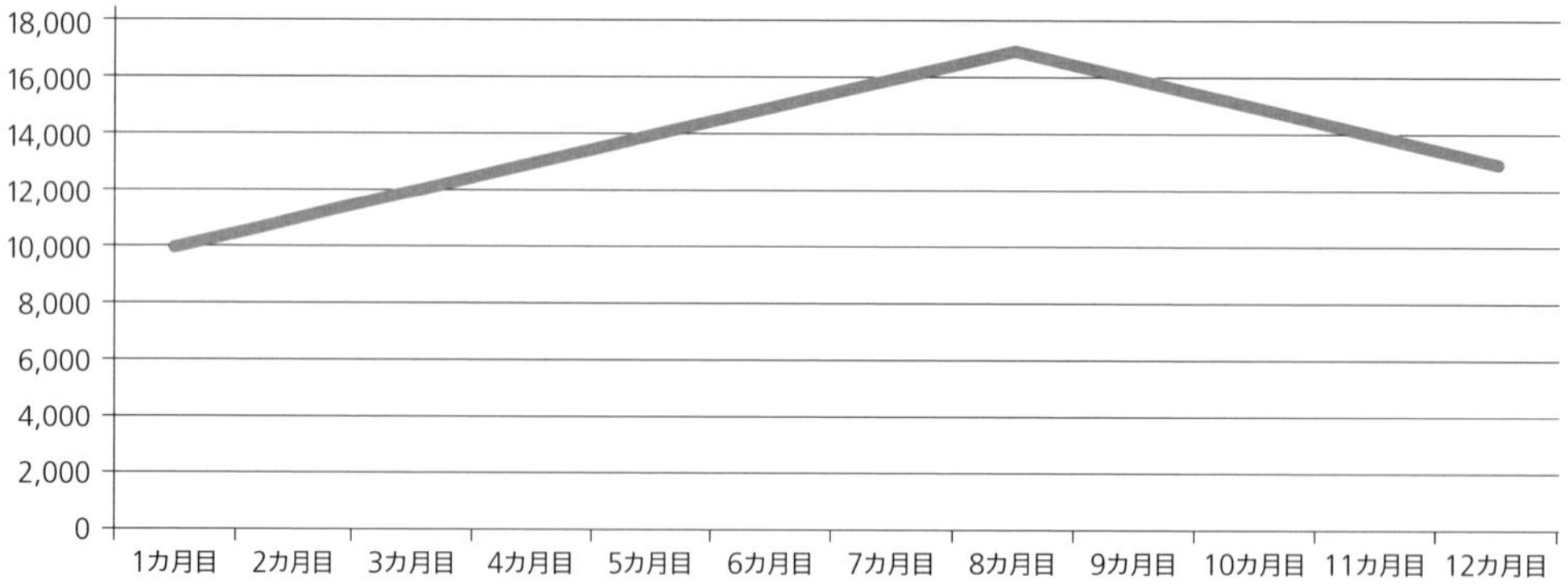

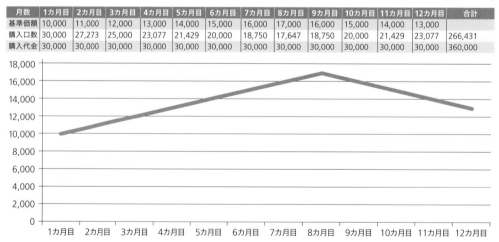

ように思いますが、果たしてどうでしょうか。

事例の12ヵ月目までの購入口数合計は、26万6431口です。資産にすると115万4533円（26万6431口×1万3000円÷1万円（基準価額））となり、投資金額の約96％という結果になりました。

いずれのパターンも、ドル・コスト平均法で購入するとリスクを軽減できることがわかります。しかも、基準価額が上昇傾向にある［図表7］のパターンなら、1年目の終わりに売却して利益をまるまる確保することができます。

一方、［図表8］のように基準価額が下落傾向にあり、資産が投資額以下に値下がりしている場合はどうすればいいのでしょうか。この場合は、非課税期間の20年間のなかで、値上がりしてくるのを待てばいいのです。

トリプル効果を味方にしよう！

ＮＩＳＡに向いている投資法、その3はズバリ「長期投資」です。

この章の最初に、ＮＩＳＡには「一般ＮＩＳＡ」「つみたてＮＩＳＡ」「ジュニアＮＩＳＡ」の3種類があることをお話ししました。3つともそれぞれ、毎年の投資額の上限や投資できる期間、投資できる商品などが違います。

このなかで、一番長く投資できるのが「つみたてＮＩＳＡ」。なにせ、最大20年間も税金をゼロにできちゃうんです。

よく、「投資にはリスクがある」なんていいますよね。このリスクとは、「危ない！」ということではなく、「得られるリターンのブレ幅」という意味です。

普通、短期間の投資はリスクが大きくなりがち。うまくいけばリターンが大きくなりますが、ダメだった場合のマイナスも大きくなってしまう傾向があります。これでは、落ち着かないですよね。

その点、長期間の投資だと、リスクが小さくなる傾向があります。金融庁によると、投資信託に20年投資した場合のリターンは年2％〜8％。あくまで計算上ですが、マイナスになること自体がなくなっています。

だからといってもちろん、20年間保有しても必ず値上がりするとは限りません。しかし、過去のマーケットをみる限り、ずっと低迷し続けている銘柄は少数です。まして、幅広い資産に分散投資する投資信託なら、世界経済の成長とともに上昇する期待ができます。

なお、２０２０年の税制改正大綱（今後の税金の変更についてまとめた文書）に、ＮＩＳＡの制度の見直しが盛り込まれました。これによると、２０２４年より一般ＮＩＳＡはつみたてＮＩＳＡの商品を買う「１階部分」と、これまで同様に株や投資信託を買う「２階部分」の２階建てに。基本的に、１階部分での投資を少しでもしないと、２階部分は使えないルールですから、長期投資が重視されているようにみえます。また、ジュニアＮＩＳＡは２０２３年をもって廃止されます。

つみたてＮＩＳＡの非課税の期間も５年間延長されて、２０４２年まで投資信託などを購入できるようになるため、

図表9　一般NISAとつみたてNISAの違い

		一般NISA	つみたてNISA
利用できる人		日本に住む20歳※以上なら誰でも	
新規に投資できる期間		2023年まで (法改正後は2028年まで)	2037年まで (法改正後は2042年まで)
各年の投資額に対して非課税となる期間		最長5年間	最長20年間
拠出限度額	年間	120万円 (2階建て以降は122万円)	40万円
	累計	600万円 (2階建て以降は610万円)	1000万円(2018年から始めた人) 880万円(2021年から始める人)
投資対象商品		上場株式(ETF、REIT含む)、投資信託	金融庁が定めた基準を満たす 投資信託・ETF
投資方法		一括買付、積み立て	積み立て
損益通算、繰越控除		できない	
資産の引き出し		いつでも引き出せる	
口座開設手数料・管理手数料		無料	
金融機関の変更		年単位であれば可能	年単位であれば可能
他の制度との併用制限		つみたてNISAとの併用不可	一般NISAとの併用不可

※ 2023年からは18歳。

2021年からスタートすれば、2042年までの22年間×40万円、累計で最大880万円まで非課税で投資できることになります。

なお、2018年からつみたてNISAを利用している人は、累計非課税投資金額が最大で1000万円になります。

ですから、早めに投資をスタートしたほうがおトクだといえますね。

さて、いろいろNISAに向いている投資方法をご説明してきましたが、まとめると次の通りです。

❶ 資産を分散する
❷ 時間を分散する
❸ 長い期間保有する

NISAの最大のメリットは、なんといっても運用益が非課税になることです。しかし、せっかくのメリットも、利益が出なければなんにもなりません。そのためには、できるだけリスクを軽減し、利益が期待できる投資をする必要があります。それが「資産分散」「時間分散」「長期投資」です。NISAの伝家の宝刀「非課税」は、これら三つの投資方法によるトリプル効果とあいまってこそ、威力が発揮されるものなのです。

おトクなキャンペーンもチェック！

さて、ここからはつみたてＮＩＳＡ口座開設の手続きについてお話しします［図表10参照］。

❶ 銀行や証券会社から申込書を取り寄せます。電話や各社のウェブサイトから請求すれば、すぐ自宅に郵送されてきます。ウェブサイト上で申し込みまでできるところもあります。

❷ 書類が届いたら、必要事項を記入して返送。あるいは、ウェブサイト上で必要事項を入力して送信します。とっても簡単です。ただし、「1人1口座」が徹底されているため、マイナンバーカードや通知カードなどの「マイナンバー確認書類」と運転免許証や保険証などの「本人確認書類」が必要になります。郵送ならコピーを、ウェブサイトなら写真やスキャンした画像を送付します。

❸ 金融機関は、送付された書類を基に、税務署につみたてＮＩＳＡ口座の開設申請をします。

❹ 税務署は、口座の重複がないことを確認したうえで、「非課税適用確認書」を交付します。

❺ 各金融機関はこれを受けてつみたてＮＩＳＡ口座を開設します。

申込みから口座開設まで通常2～4週間程度かかりますので、余裕をもって申し込んでください。

図表10　つみたてNISA口座開設の流れ

❶❷銀行や証券会社から申込書を取り寄せ、必要事項を記入して返送（またはウェブサイトで申込み）
❸金融機関は、税務署につみたてNISA口座の開設申請
❹税務署は、口座の重複がないことを確認したうえで、「非課税適用確認書」を交付
❺金融機関はこれを受けてつみたてNISA口座を開設

次に、どこの金融機関でつみたてNISA口座を開設したらいいのかについてお話しします。これって、とても重要なことです。金融機関選びのポイントは、ズバリ「取扱商品」「最低投資金額」「キャンペーンやサービスの充実度」の3点です。

まず、「取扱商品」ですが、つみたてNISA口座で購入できるのは、金融庁の定めた基準を満たした投資信託やETFです。2021年5月24日時点で、全部で193本あります。

投資信託はどの金融機関でも取り扱っています。ただし、金融機関によって、扱いのある投資信託は異なります。自分に適した投資信託を選ぶためには、幅広く投資信託をそろえている金融機関がいいでしょう。

次に「最低投資金額」。つみたてNISAの最低投資金額は1000円に設定されているところが多いのですが、1万円に設定しているところも。その点、ネット証券の楽天証券やSBI証券などでは100円と少額で始めやすくなっています。ムリのない金額でスタートできたほうが安心ですね。

さて、「取扱商品」「最低投資金額」ともに満足できる金融機関は見つかりましたか？　でも、これで満足してたらダメですよ。最後に見比べてほしいものがあるのです。それは、キャンペーンやサービスの充実度です。金融機関によっては、つみたてＮＩＳＡ口座を開設するとキャッシュバックがあったり、プレゼントがもらえたりする〝おトク〟なキャンペーンがあるのです。それから、初心者のうちは何かとわからないことが出てくるものです。そんな時、平日はもちろん、遅い時間や土日祝日などでも電話・メール・チャットなどで相談に乗ってくれる金融機関も。そうした体制があればとても心強いですね。

どの商品にするか悩んだら、簡単な質問に答えるだけでおススメの商品を紹介してくれるサービスなどもあります。きっと投資の参考になるでしょう。

実際に取引を始めると、パソコンやスマホでいろいろ確認することになるので、画面のみやすさ、操作のしやすさなども要チェックですね。また、サポート体制や相談窓口なども充実していると頼もしいですね。

ＮＩＳＡ専用口座は、１年間で、一つの金融機関にしか開設できません。１年ごとに口座変更することはできますが、けっこうな手間と時間がかかります。最初が肝心です。しっかり比較して、きちんと納得のいく金融機関をセレクトしましょう。それでこそ、かしこい女子というものです。

第4章

「iDeCo」と「つみたてNISA」はどっちがおトク?

決め手はやっぱりアレね？

「iDeCo」も「つみたてNISA」も税制面で、とっても大きなメリットがあることは理解していただけたと思います。そうなると、「で、結論としては、どっちがおトクなの？」ということですよね。

そこで、最後に、この二つの税制優遇措置を徹底比較してみましょう。［図表1］をみてください。

❶「投資時」、❷「運用時」、❸「受取時」という三つの場面における非課税の仕組みと、その適用金額をみてみると、その違いは明らかです。

（1）非課税の仕組みをチェック！

❶「投資時」

「iDeCo」は掛金の全額が所得

図表1　iDeCoとつみたてNISA徹底比較

	iDeCo	つみたてNISA
投資金額制限（年）	1号→81.6万円 2号 ❶企業年金なし→27.6万円 ❷企業年金がなく企業型DC導入→24.0万円 ❸その他→14.4万円 3号→27.6万円	40万円
非課税期間	掛金：60歳※1まで 運用益：70歳※2まで	20年間
対象	国民年金保険料を納めている人	20歳※3以上
解約	60歳以降受取（一部例外あり）	いつでも可能
税制メリット	拠出時：所得控除 運用時：売却益・配当金・分配金非課税 給付時：退職所得控除、公的年金等控除	売却益・配当金・分配金非課税
口座維持手数料	あり	なし

※1 2022年5月からは65歳まで。
※2 2022年4月からは75歳まで。
※3 2023年からは18歳。

控除の対象になり、所得税と住民税が軽減されます。どういうことか、かる〜くおさらいしてみましょう。

例として、所得税10％、住民税10％の人が、毎月2万円（年間24万円）を投資したケースで比較してみます。

「iDeCo」を利用した場合、1年間に4万8000円（24万円×20％（所得税10％、住民税10％））税金を払わずに済みます。言い換えると税金を節税できることになります。

一方、「つみたてNISA」は拠出した額に対する所得控除が一切ありません。「つみたてNISA」を利用した場合では、この4万8000円の税金は支払わなければならないため、その分だけ「iDeCo」よりもソンしているといえます。

ちょっと、陸上のトラックレースを想像してみてください。まず、スタートの位置が違います。［図表2］のように、

図表2　iDeCoのリード

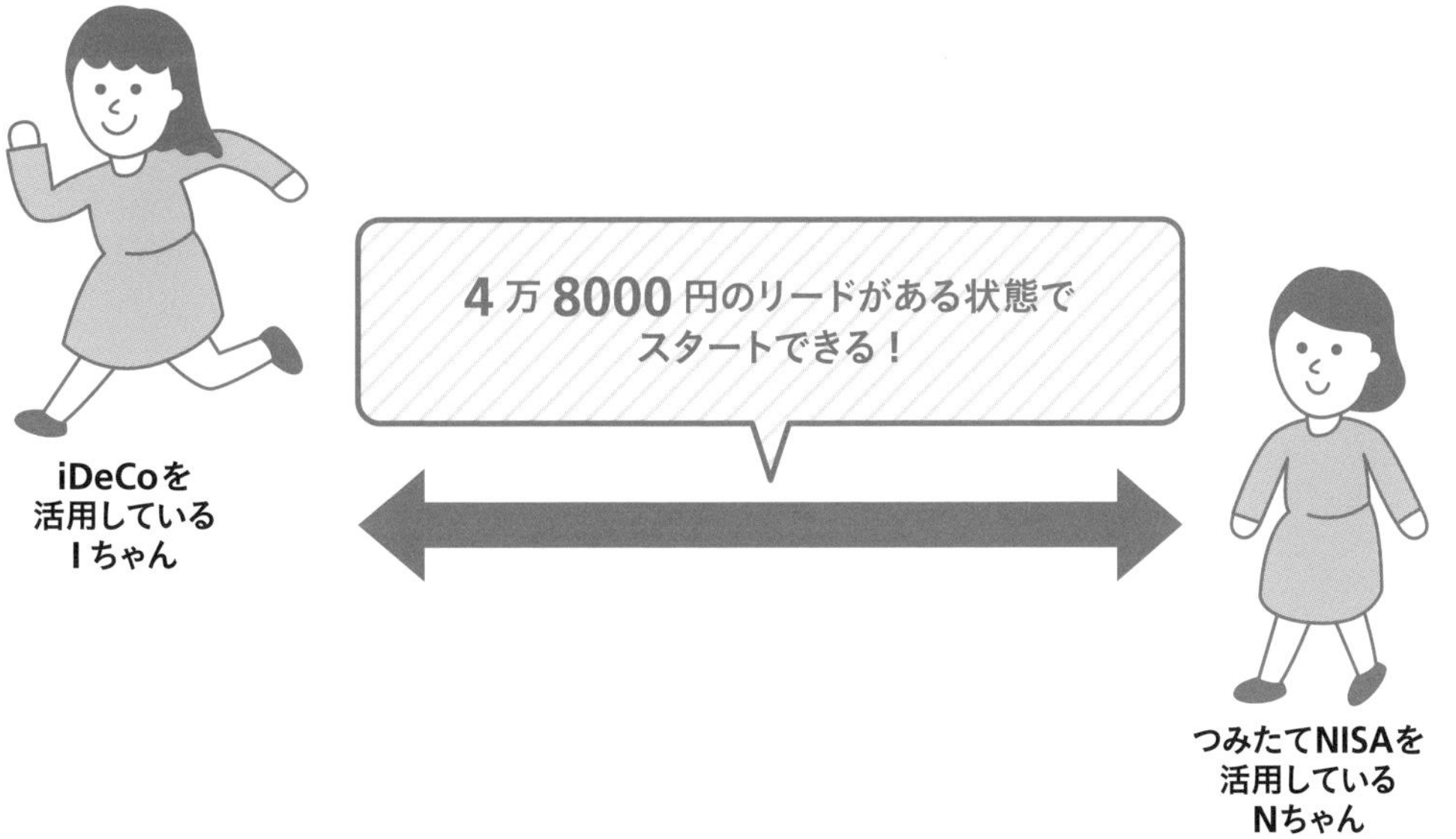
4万8000円のリードがある状態で
スタートできる！
iDeCoを
活用している
Iちゃん
つみたてNISAを
活用している
Nちゃん

「iDeCo」を使っているIちゃんは、「つみたてNISA」を使っているNちゃんより、プラス4万8000円のリードをつけた位置からスタートできるわけです。しかもですよ、周回ごとに、新たにプラス4万8000円のリードがIちゃんにつくのです。

Nちゃんが Iちゃんに追いつくためには、Iちゃんより、かなり速く走らなければいけません。つまり、高いリターン（高いリスク）を狙わなければいけなくなるということです。これって、けっこう大きな意味があると思いませんか。

❷「運用時」

運用時については、「iDeCo」も「つみたてNISA」も運用益に対しては非課税になるのでメリットは同じです。

❸「受取時」

「iDeCo」は、受取時にも「税制優遇措置」があります。一時金として受け取る場合は「退職所得控除」が、年金として受け取る場合は「公的年金等控除」という大きな控除が受けられることから、税負担が少なくなります。

一方「つみたてNISA」の場合も、収益に対して非課税になるので、メリットとしては、ほぼ同じといえるでしょう。

（2）非課税枠をチェック！

今度は、非課税枠について比較してみましょう。「iDeCo」の拠出限度額は、事業主やフリーランスの方だったら、年額81万6000円です。総額の上限はありません。つまり、年額81万6000円を30年間拠出したとすると、いわゆる投資の元本部分だけで総額2448万円になります。企業年金がないOLの方だったら、年額27万6000円です。30年間では828万円になります。「iDeCo」は、これだけの金額を非課税で運用できるのです。

一方、「つみたてNISA」の投資（買付け）上限額は年間40万円、非課税投資総額は2021年から始めれば880万円（2018年から始めた人は1000万円）です。非課税枠については、「iDeCo」のほうが、メリットが大きいといえますね。

いかがですか？「税制優遇措置」で比較する限り、「iDeCo」のほうが、おトクということがよくわかると思います。

「じゃあ、iDeCoで決まりね！」と思うでしょうが、ちょっと待ってください。実は、「つみたてNISA」には別のメリットがあるのです。それは、「現金化のしやすさ」つまり「流動性」です。「つみたてNISA」は、お金が必要になった時や、利益を確保したい時に、簡単に現金化できます。

しかし、「iDeCo」は、あくまでも「年金」ですから、60歳より前に現金化するのは、ほぼ不可能です。もっとも、簡単に解約できてしまうと、その時々の誘惑に負けて、老後資金をつくれなくなってしまいます。意志が弱い私にとっては、解約できないことは逆にメリットだと思うのですが、みなさんはどう思われますか？

こうして比較してみると、「収益性」を重視するなら、「iDeCo」がおススメです。投資額が大きく、なんといっても所得控除という強い武器があるからです。

一方、「流動性」を重視するなら、「つみたてNISA」が適しています。資金が必要な時に現金化できるからです。ただし、投資する商品は投資信託などです。いくら金融庁が定めた基準を満たしていたとしても、相場によっては売却損失が生じることもありますので、その点を考慮するのもお忘れなく。

棚からボタモチのチャンスです!

「iDeCo」と「つみたてNISA」を徹底比較してみましたが、あなたの結論は出ましたか?

実は、「どちらかを選ぶ」のではなく、ちゃっかり「どちらも選んじゃう」という方法もあるのです。ちょうど、周囲からこんな会話が聞こえてきました。

(更衣室での会話)

「あれっ、そのアクセサリー、ステキじゃない! どこで買ったの?」

「ふふふ。実は、iDeCoを始めたんだけど、年間で約3万円も節税になったのよ。それでちょっとね」

「ふーん、でもあれって投資なんでしょ。ソンするかもしれないじゃない」

「それが違うのよ。私が選んだのは定期預金なの。定期預金自体の利息はスズメの涙だけど、所得控除とやらで、節税になったのよ」

「ということは、定期預金で年間3万円もうけたということ?」

「そうそう、そんなイメージね。それでね、3万円のうち、1万円でこのアクセを買って、残りの2万円はつみたてNISAで投資しちゃった!」

「ちょっと待って、そもそも3万円って、年末調整で戻ってきたお金と翌年の住民税の節税分でしょ。ということは、投資の元手は実質ゼロってことじゃない？」

「そうなのよ。そうじゃなきゃ、投資なんて怖くてできないじゃない」

「それ、いいわね。この先、年金ってどうなるかわかんないでしょ、でも投資は怖いし、どうしようかと思っていたのよ」


（ある日の昼休みの会話）

「棚からボタモチっていうじゃない。アレってホントなのね」

「どういうことよ」

「定期預金でもいいというから、iDeCoを始めたのよ。そしたら、なんと年間で7万円も節税になったの！」

「それって超ラッキーじゃない！　どういうことよ。ちょっと教えてよ」

「うん、所得控除というものらしいんだけど、かなりおトクでしょ。それでね、どうせ定期預金しただけでもらったお金じゃない？　だから、ちょっと冒険してもいいかなって思って、NISAで投資信託を3本買っちゃった！」

「あなた、けっこうドン欲なのね……」


どうですか、すでにOLさんたちは、かしこく二つの制度のいいとこ取りをしているみたいですね。実は、これってすごく効果があるんです。「iDeCo」は毎年所得控除されますので、毎年節税になります。「つみたてNISA」は、毎年新規非課税枠があります。ということは、毎年、iDeCoの節税分をつみたてNISAに入れ続けていけば、なんと税制優遇措置をダブルで使えちゃうってことなんです。どんどん複利で増やせて、しかも元手はずっとゼロです。これってすごくないですか？

仮に、月々２万円をｉＤｅＣｏに拠出した場合、年間で24万円。税率が20％（所得税と住民税）とすると、毎年４万８０００円が節税になります。これを毎年つみたてＮＩＳＡで投資していくとすると、20年間の投資総額は96万円。これがもし３％複利で運用できたとすると、［図表３］のようになります。

単純計算ですが、10年後の元利合計は約１３１万円になります。投資元本は合計４万８０００円×20年間で96万円ですが、節税分で投資しているため、実質持出しはゼロです。これはまさに、棚からボタモチ。

彼女たちのように、まず「ｉＤｅＣｏ」を始めて、税制の優遇メリットを最大限に受け、余裕があれば「つみたてＮＩＳＡ」でプチ投資を始めて、プチぜいたくを存分に味わう。こうやってステップを踏みながら、両方の制度をうまく活用していくのが「マネー賢女の歩む道」というものではないでしょうか。

図表3　**iDeCoとつみたてNISAのダブル効果**

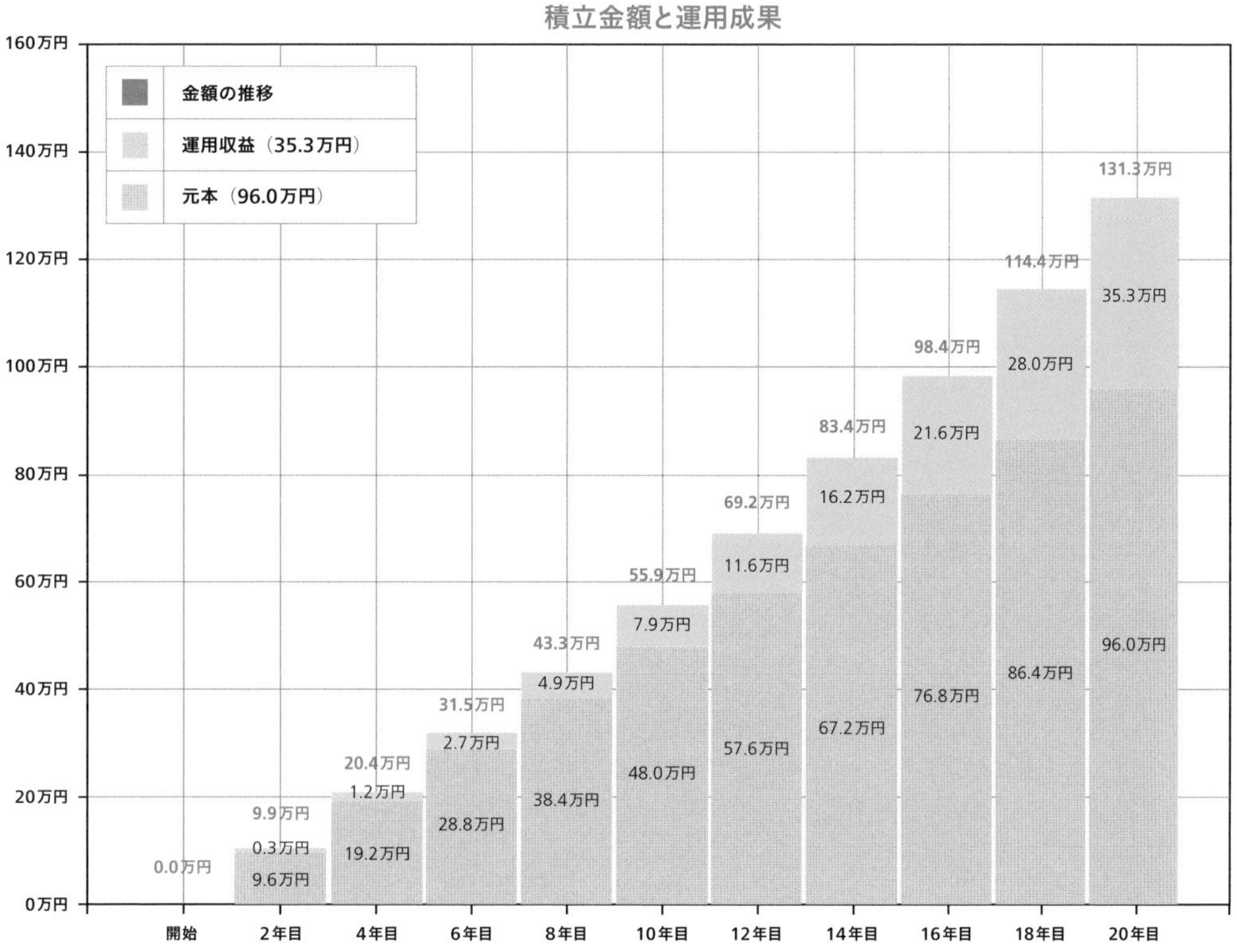

頼藤太希（よりふじ・たいき）

（株）Money&You代表取締役。中央大学商学部客員講師。慶應義塾大学経済学部卒業後、外資系生保にて資産運用リスク管理業務に従事。2015年に（株）Money&Youを創業し、現職へ。女性向けWebメディア『FP Cafe』や『Mocha（モカ）』を運営。書籍・講演などを通してマネーリテラシー向上に注力。日本証券アナリスト協会検定会員。ファイナンシャルプランナー（AFP）。主な著書『1日5分で、お金持ち』（クロスメディア・パブリッシング）、『SNS時代に自分の価値を最大化する方法』（河出書房新社）、『入門 仮想通貨のしくみ』（日本実業出版社）など

高山一恵（たかやま・かずえ）

（株）Money&You取締役。2005年に女性向けFPオフィス、株式会社エフピーウーマンを創業、10年間取締役を務め退任。その後、現職へ。全国で講演活動、多くのメディアで執筆活動、相談業務を行い、女性の人生に不可欠なお金の知識を伝えている。明るく親しみやすい性格を活かした解説や講演には定評がある。ファイナンシャルプランナー（CFP®）。1級FP技能士。

主な著書『35歳までにはぜったい知っておきたいお金のきほん』（アスペクト）、『パートナーに左右されない自分軸足マネープラン』（日本法令）など

頼藤・高山共著『はじめてのNISA&iDeCo』（成美堂）、『ゼロから始めて2時間で一生困らないマネープランができる本』（彩図社）、『税金を減らしてお金持ちになるすごい！方法』（河出書房新社）、『マンガでわかる！ iDeCoのはじめ方 ライバルはイデ子！？』（きんざい）など

二人が出演しているYouTubeチャンネル「Money&You TV」は必見！
https://www.youtube.com/channel/UCvo5y3L380R6cs7pUKr7aRA

やってみたらこんなにおトク！
税制優遇のおいしいいただき方［第3版］

2016年12月5日　初　版　第1刷発行
2017年3月13日　　　　　第4刷発行
2020年4月7日　第2版　第1刷発行
2021年2月22日　　　　　第2刷発行
2021年6月30日　　　　　第3刷発行
2021年11月24日　第3版　第1刷発行
2022年6月23日　　　　　第2刷発行

著者　頼藤太希・高山一恵
発行者　加藤一浩
印刷所　奥村印刷株式会社
デザイン　マツダオフィス
イラスト　平松昭子

発行・販売　〒160-8520　東京新宿区南元町19
株式会社きんざい
編集部　tel：03（3355）1770
fax：03（3357）7416
販売受付　tel：03（3358）2891
fax：03（3358）0037
URL：https://www.kinzai.jp/

ISBN 978-4-322-13997-6